ANDREA GHISOTTI

DIE FISCHE DER MALEDIVEN

340 Abbildungen

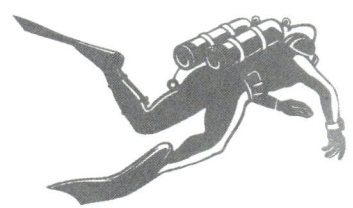

INHALT

*Einführung, S. 3 - Landkarte, S. 4 - Die Malediven, S. 5
Die Atolle der Malediven, S. 7 - Gefahr am Riff, S. 8
Schnorcheln und Tauchen, S. 12
Unterwasserfotografie, S. 13*

S. 15
FISCHE

S. 93
INVERTEBRATEN UND ANDERE TIERE

*Verzeichnis der deutschen
Namen, S. 127 - Verzeichnis der lateinischen
Namen, S. 127 - Gesamtverzeichnis, S. 128*

LEGENDE

Die wissenschaftliche Nomenklatur unterscheidet sich graphisch auf folgende Weise:

STAMM ODER PHYLUM
Klasse
Unterklasse
ORDNUNG
Familie

DIE FISCHE DER MALEDIVEN

Buchprojekt: Casa Editrice Bonechi
Verlegerische Leitung: Monica Bonechi
Grafik und Desktop Design: Maria Rosanna Malagrinò

Fotografien, Text und Bildunterschriften: Andrea Ghisotti
Redaktion: Simonetta Giorgi und Patrizia Fabbri
Übersetzung: Andreas Hein

Landkarte: Studio Grafico Daniela Mariani - Pistoia

© Copyright by Casa Editrice Bonechi - Firenze - Italia
E-mail:bonechi@bonechi.it
Internet:www.bonechi.it

*Alle Rechte vorbehalten.
Kein Teil dieses Buches kann ohne die
schriftliche Einwilligung des Verlegers reproduziert werden.*

*Umschlag, Layout und Gestaltung erfolgten
durch Grafiker der Casa Editrice Bonechi und
unterliegen dem internationalen Copyright.*

* * *

Einführung

Wenn das Rote Meer für uns Europäer sozusagen das Hausmeer ist, dann sind die Malediven das Traumziel, das tropische Paradies mitten im Indischen Ozean. Die Ankunft mit dem Flugzeug ist bereits sehr eindrucksvoll, während der letzten Flugminuten sieht man Atolle, Inselchen, weiße Sandbänke und Lagunen von unglaublicher Schönheit, um dann auf einer Landebahn direkt neben dem kristallklaren Meer aufzusetzen. Danach besteigt man die Dhoni, die eleganten Boote der Malediven und schon können die Ferien mit einer Seefahrt auf dem kobaltblauen Gewässer beginnen, sei es daß unser Urlaubsziel eine der Inseln ist, sei

eine Etappe zu Beginn und am Ende der Ferien. Alles andere spielt sich in der Verschwiegenheit kleiner Inseln ab, umgeben von Palmen und Mangroven, auf feinstem Sand und im stets warmem Wasser,

das von Leben überquillt. Es genügen Taucherbrille und Flossen, um wenige Meter vom Ufer entfernt wundervolle Fische, Korallen, Krebse, Gorgonien, Schildkröten und tausend andere Tiere zu entdecken. Dieses Buch gibt dem Liebhaber der Unterwasserwelt eine Einführung in die Fauna der Malediven, so daß er die

es daß wir auf einem Charterboot eine unvergeßliche Kreuzfahrt unternehmen wollen. Die Hauptstadt Malé erfüllt ein Gewimmel von Fahrrädern, Mopeds und Automobilen, sie ist die einzige Stadt der Malediven, nur hier findet man Werkstätten, Holzhändler, Geschäfte voller Gewürze und Getreide, mit frischem und getrocknetem Fisch, Eisen- und Gemischtwarenläden, Obst- und Gemüsehändler, Haifischflossen und -kiefer, Eßlokale voller Currygeruch, Boutiquen und Souvenirläden für Touristen. Doch niemand kommt in die Malediven, um in der Hauptstadt zu bleiben, sie ist nur

häufigsten Fische leicht bestimmen kann. Jede Art wird mit Fotografien abgebildet, die stets Unterwasseraufnahmen lebender Tiere sind. Der einfache, aber wissenschaftlich exakte Text beschreibt deren Eigenarten und jede Abbildung ist auch mit dem lateinischen Namen versehen. Das mag übertrieben erscheinen, aber für die Naturwissenschaft zählt nur diese Nomenklatur.

DIE MALEDIVEN

Das Archipel der Malediven besteht aus 1190 Inseln, die sich wie eine lange Perlenkette im Indischen Ozean etwa 700 km südwestlich von Sri Lanka aneinanderreihen. Sie erheben sich auf einem Felsenrücken, der von 4000 m Meerestiefe bis zu etwa 70 m unter dem Meeresspiegel ansteigt. Jeder der insgesamt 26 Hauptatolle besteht aus zahlreichen Inseln, vom verwaltungstechnischen Standpunkt aus gibt es jedoch nur 19 Atolle. Die Inselgruppe erstreckt sich zwischen 7°7' nördlicher Breite und 0°42' südlicher Breite über eine Länge von insgesamt 754 km und eine Breite von höchstens 188 km. Die Gesamtoberfläche von 298 Quadratkilometern ist im Verhältnis zu dieser Ausdehnung sehr klein. Nur etwas mehr als 200 Inseln sind bewohnt, alle anderen nicht. Hauptstadt und Zentrum von Verwaltung und Handel ist Malé, die einzige wirkliche Stadt der Malediven, auch wenn sie gewiß nicht unseren überfüllten westlichen Metropolen ähnelt. Die Mauern vieler Bauten bestehen aus Steinkorallen und so manches Dach setzt sich noch aus Palmblättern zusammen. Die Straßen sind oftmals nicht asphaltiert, sondern werden von weißem Korallensand gebildet. In Malé dreht sich alles um den Hafen, der für die Republik der Malediven lebenswichtig ist, denn alle Waren kommen vom Meer, vor allem aus den Ländern des Westens, die inzwischen die wichtigsten Handelspartner der Republik geworden sind. Schiffe mit zu großem Tiefgang können nicht in den Hafen einlaufen und ankern auf der Reede. Fast alle Boote sind wunderschöne Dhonis der Malediven, die auf den Inseln noch nach einer uralten Technik gebaut werden. Anders als sonst besteht die tragende Struktur dieser Boote nicht aus Spanten, sondern aus der Beplankung, eine Technik, die bereits die Griechen und Phönizier verwendeten, die sie dann an die Römer überlieferten. Der schlanke, spitz zulaufende Bootskörper hat einen flachen Kiel, um den Tiefgang zu reduzieren und die Schiffahrt in den Küstengewässern zu erleichtern. Früher wurden die Dhonis nur von Segeln fortbewegt oder, in Notfällen, von Rudern. Heute sind sie alle mit japanischen Dieselmotoren ausgerüstet, so daß Handel und Verkehr zwischen Inseln und Hauptstadt wesentlich regelmäßiger und sicherer geworden sind. Gegen Abend treffen im Hafen von Malé die Dhonis der Fischer angefüllt mit Bonitos (Makrelenthunfisch) ein, sie sind mit dem Reis die Hauptnahrungsquelle der Malediven. Der Fang wird auf dem Fußboden des Fischmarktes aufgereiht und verkauft. Für wenige Münzen kann man sich einen Bonito von den Fischhändlern zuschneiden lassen, in 40 bis 45 Sekunden übergeben sie einem das Filet ohne Gräten und Haut, ein einzigartiger Blut- und Messertanz. Nicht aller Fisch endet in Malé, ein guter Teil bleibt für den direkten Verbrauch vor Ort auf den einzelnen Inseln, wo er an der Sonne getrocknet oder in besonderen Öfen geräuchert wird. Die Wirtschaft der Inseln gründet sich vor allem auf der Fischerei, auf der Kokusnußernte und in begrenztem Umfang auf der Landwirtschaft, die fast nur von den Frauen betrieben wird. Das Leben verstreicht friedlich und höchst selten wird bei Streitigkeiten die Autorität des Dorfhäuptlings angerufen. Die Bewohner sind von Na-

Das typische Erscheinungsbild dieser Inseln, die flach über dem Wasser liegen und von einer schwelgenden Vegetation bewaxen sind

Scheinbar nur ein Inselehen mit weiß leuchtendem Sand und üppigem Palmenhain, doch darunter liegt das weit ausgedehnte Korallenriff

tur aus sehr friedfertig, niemals wird man Zeuge eines Streites oder eines lauten Wortes. Die Autorität des Dorfhäuptlings ist beachtlich, da die Inseln fast in Autarkie leben und in weitgehender Autonomie von der Hauptstadt, vor allem die mehrere Tagereisen entfernt liegenden.

In diesem abgelegenen Winkel der Welt begann der Tourismus fast unbemerkt zu Beginn der siebziger Jahre. Die ersten Linienflüge landeten auf einer Piste auf dem Inselchen Hulule, wenige Bootsminuten von der Hauptstadt entfernt. Damals war das Flughafengebäude eine Holzbaracke und die Besucher wurden fortlaufend numeriert. Dann verlängerte man die Landebahn, so daß große Jumbos mit zahlreichen Touristen an Bord die Malediven anfliegen konnten. Bald wurden die ersten spartanischen Bungalows durch komfortable Feriendörfer ersetzt, die man zum größten Teil jedoch mit einer gewissen Einfühlsamkeit und aus natürlichen Materialien wie Steinkorallen und Holz erbaute. Heute gibt es etwa achtzig dieser Dörfer, die meisten liegen auf den Atollen Malé Nord, Malé Süd und Ari und können in einem Zeitraum zwischen dreißig Minuten und vier Stunden mit dem Dhoni erreicht werden, je nachdem ob sie in der Nähe der Hauptstadt oder etwas weiter weg angesiedelt sind. In den letzten Jahren kamen Schnellboote zum Einsatz, um die längeren Überfahrten abzukürzen und einige Inseln erreicht man von dem Flugplatz aus auch mit dem Hubschrauber. Das Leben in den Touristendörfern steht in starkem Kontrast zu dem der Einheimischen. Die Regierung hat von Anfang an Gesetze erlassen, die das Meeresleben schützen sollen, die Unterwasserjagd ist überall verboten und man darf weder Muscheln noch Korallen sammeln.

Ohne Zweifel lassen die unterschiedliche Lebensart und Kultur stark für die Integrität des Landes fürchten. Daher wurde der Tourismus auf die fünf in der Nähe der Hauptstadt gelegenen Atolle begrenzt und auf den Inseln, wo Touristendörfer liegen, gibt es den Einheimischen vorbehaltene Gebiete, zu denen die Touristen keinen Zugang haben. In den letzten Jahren hat sich noch eine andere Form von Tourismus entwickelt, statt in die Feriendörfer zu gehen, bucht man eine Kreuzfahrt von einer oder zwei Wochen an Bord besonderer Charterboote, die nicht tiefer im Wasser liegen als die Dhoni, aber wesentlich größer und komfortabler sind und bis zu zehn Touristen aufnehmen können. Dies ist sicherlich die schönste Art die verzauberten Inseln zu besuchen, auch weil das Wasser innerhalb der Atolle fast immer ruhig ist und man selbst entlegene Inseln besuchen und in den unberührtesten Ecken dieses Paradieses übernachten kann.

DIE ATOLLE DER MALEDIVEN

Zu den Malediven gelangt man nur mit dem Flugzeug und jeder Tourist genießt vor der Landung den unglaublichen Blick auf eine ununterbrochene Kette von Atollen mit der wundervollen Türkisfarbe der Untiefen und der Korallenriffs, die die Inseln umgeben, während das Meer ringsum eine tiefblaue Farbe hat, was vor allem mit der größeren Tiefe zusammenhängt.

Zu der Entstehung der Atolle und der Inseln gibt es im großen und ganzen zwei Theorien. Beide berücksichtigen die Unumgänglichkeit einer geringen Untiefe, die erst das Wachstum der Steinkorallen ermöglicht, weil dort das Sonnenlicht noch die Synthese des Chlorophylls ermöglicht und damit die Entwicklung von Einzelleralgen, die in Symbiose mit der Steinkoralle leben und bei deren Wachstum eine wichtige Rolle spielen.

Die erste Theorie verdanken wir Darwin, sie nennt sich "Theorie der Subsidentia". Der englische Wissenschaftler nahm an, daß der Ursprung der Atolle aus Inseln zu erklären seien, die durch Vulkanismus entstanden waren. Rings um die Küste einer jeden Insel wächst ein erstes Korallenriff heran. Später sinkt die Insel ab, aber der Korallenzuwachs ist so stark, daß sich über den abgestorbenen immer neue Steinkorallen bilden. Das ringförmige Korallenriff umgibt eine flache Lagune und in der Mitte liegen die Überbleibsel der abgesunkenen Insel. Es kann auch geschehen, daß die Insel vollständig absinkt, so daß ein Ringatoll entsteht, ohne zentrale Insel.

Die von Daly 1919 formulierte Theorie beruht auf dem unterschiedlichen Wasserstand der Meere während der Eiszeit. Wenn sich große Eismassen bilden, sinkt das Meer ab und einige Meeresgründe tauchen auf oder gelangen in die Nähe der Wasseroberfläche, so daß schließlich Korallenbänke entstehen können. Während der verschiedenen Zwischeneiszeiten steigt der Meeresspiegel wieder, doch das Wachstum der Steinkorallen dauert an, so daß die Korallenriffs und die Atolle entstehen, ohne Vulkanismus und ohne das anschließende Absinken einer Insel.

In Wirklichkeit mag es sein, daß beide Theorien in der Natur ihre Entsprechung finden, doch die Theorie Dalys sieht sich durch die Malediven bestätigt, die auf einem Felsmassiv entstanden, das aus einer Tiefe von 4000 m bis zu 70 m unter der Wasseroberfläche ansteigt und dessen Spitzen wahrscheinlich noch während der letzten Eiszeit an der Luft lagen.

Doch in jedem Fall gebührt das Verdienst für so viel Schönheit den winzigen Polypen der Steinkorallen (Madrepora), die aus dem Wasser Kalziumkarbonat gewinnen, aus dem sie ihr Skelett aufbauen. Darüber wachsen dann andere Kalkschichten, die im Verlauf von Millionen Jahren die großen Korallenformationen heranbilden.

Die einzelnen Korallenkolonien können große Ausmaße erreichen und haben einen unglaublichen Formenreichtum. Es gibt kugelförmige, säulenartige, fächerförmige und fantastisch verästelte Korallen und die Farben haben alle Schattierungen von rosa, grün und violett bis zu braun und blau. Die Färbung bleibt erhalten, so lange die Madreporen leben, wenn das Oberflächengewebe abgestorben ist, bleibt nur noch der weiße Kalk mit den kleinen Höhlungen, in denen die Polypen festsaßen. Die Polypen sind der lebendige Teil der großen Korallenkolonien. Jeder einzelne Polyp ähnelt einem kleinen einziehbaren Sack, mit einer ringförmigen Krone von Tentakeln um die Öffnung, die als Schlund dient. Die Tentakeln sind mit Nesselzellen ausgestattet und schleudern pfeilförmige Fäden aus und ein Gift, das kleine Beutetiere betäubt, wie zum Beispiel die mikroskopischen Planktonkrebse, von denen sich die Polypen ernähren.

Zum Bau des Riffs tragen auch andere Organismen bei, die Kalk abscheiden, beispielsweise die "Feuerkoralle" und verschiedene Arten von "Korallenalgen", die wegen ihrer Bindefunktion für die Entstehung der Korallengebäude von grundlegender Bedeutung sind.

Die großen Madreporabänke findet man normalerweise in flachem Wasser, sehr selten liegen sie jedoch tiefer als 100 Meter; außerdem benötigen sie recht warme Meerestemperaturen (zwischen 20° und 35°) und sind empfindlich gegenüber zu niedrigem Salzgehalt und starken Trübungen des Wassers.

GEFAHR

a

b

c

In den Malediven gibt es wenige gefährliche Tiere und Unfälle sind selten. Die gefürchteten **Haie** (a) beispielsweise haben noch nie Opfer gefordert, trotz der mehr als tausend Tauchgänge, die täglich in diesen Gewässern vonstatten gehen. Dennoch ist der Hai nicht selten, im Gegenteil, bei einigen Sandbänken trifft man mit großer Sicherheit auf einen dieser prächtigen Raubfische. Einen Hai sehen bedeutet aber noch lange nicht, daß dieser näher heranschwimmt oder sogar angreift, - nachdem er sich einen Überblick über die Situation verschafft hat, wird er bald das Weite suchen. Denn obwohl ihnen zur Aggression nichts fehlt, attackieren die Haie der Malediven die Taucher fast nie, es sei denn sie werden durch das absurde Angebot von Nahrungsmitteln angelockt oder durch provozierendes Verhalten. Nächtliche Tauchgänge im Durchzugsgebiet von Haien sollten vermieden werden, wie auch zirkusreife Schaunummern mit Darbietung von Fischen, die die Haie zu einem gefährlichen Heißhunger hinreißen könnten.

Die Haie gelten also in diesen Gewässern bisher als unbescholten, schauen wir lieber einmal, wovor man sich wirklich in acht nehmen muß. An erster Stelle stehen die **Skorpionsfische** (d), deren Stich wirklich gefährlich ist. Die zu dieser Familie gehörigen Fische verfügen an der Rückenflosse und oft auch an den Brustflossen über giftige Stacheln, die mit Giftdrüsen verbunden sind. Beim Stich wird ein starkes Kardiotoxin eingespritzt, das unerträgliche Schmerzen verursacht, verbunden mit Schwellungen an dem betroffenen Körperteil, jähen Schweißausbrüchen, Atemproblemen, starkem Herzklopfen, Fieber, manchmal sogar Lähmung und Tod. Da es sich um ein hitzeunbeständiges Gift handelt, muß man den gestochenen Körperteil in fast unerträglich heißes Wasser tauchen und verdünnte, oxydierende Wirkstoffe auflösen, wie Kaliumpermanganat und außerdem anregende Herzmittel wie Andrenalin und Kortison verabreichen. Die *Scorpenidae* sehen je nach Art ganz verschieden aus, die **Feuerfische** *(Pterois)* sind sehr auffallend und tragen gefiederte und gestreifte Rücken- und Bauchflossen,

AM RIFF

mit denen sie eventuelle Agreifer warnen. Zum Glück handelt es sich um sehr zurückhaltende Tiere, nur ein unerfahrener Taucher, der versucht sie anzufassen, könnte sich Probleme schaffen. Ganz anders liegen die Dinge beim schrecklichen **Echten Steinfisch** *(Synanceia verrucosa)* und bei den großen **Skorpionsfischen** *(Scorpaenopsis sp.)*, die von der Umgebung praktisch nicht unterscheidbar auf dem Riff oder dem Meeresgrund liegen und auf Beute warten. Nicht immer bemerkt man ihre Gegenwart, dennoch ist die Gefahr eingrenzbar, ein Taucher sollte sich niemals am Riff festhalten oder darauf umherklettern, schon um es nicht zu beschädigen. Weitere Tiere mit gefährlichem Giftstachel sind die **Stechrochen** (f), die am Schwanz einen gezahnten Stachel tragen, den sie mit großer Geschicklichkeit in den Körper des Angreifers schlagen. Auch in diesem Fall handelt es sich um eine reine Verteidigungswaffe, die sie nur bei Gefahr verwenden. Einige Taucher sind von ihnen verwundet worden, weil sie sie berührten oder mit ihnen "spielen" wollten, was man bei allem Wassergetier vermeiden sollte, denn sie könnten unsere Gesten übelnehmen. Außerdem beschädigen unsere Hände die Schleimhäute und Schuppen, so daß sich dort Parasiten ansiedeln. Das gilt auch für die **Muränen** (c), die viele Taucher und auch Tauchlehrer gerne streicheln. Dabei ist es zu einigen Unfällen gekommen und es genügt eigentlich, sich die gausigen Zähne der Muränen anzusehen, um zu verstehen, daß die goldene Regel "nur betrachten, nicht berühren" richtig ist. Die großen Muränen sind sehr friedliche Tiere, aber einige kleine Arten, die sich in den Riffspalten verstecken, können auch ohne direkte Belästigung zubeißen, beispielsweise wenn ein Taucher sich dicht bei ihrem Unterschlupf hinkniet, um zu fotografieren. Durch den Taucheranzug wird der Biß unge-

fährlich, dennoch sollte man immer darauf achten wo man sich abstützt. Trotz des aggressiven Erscheinungsbildes und der forschenden Augen greifen die **Barrakudas** (g) den Menschen nicht an, auch wenn sie sich in großen Scharen sammeln. Die **Drückerfische** (b) dagegen, vor allem der große *Balistoides viridescens* beißt ohne weiteres zu, wenn er glaubt seine in großen runden Nestern abgelegten Eier verteidigen zu müssen. Sollte man ihm zu nahe gekommen sein, ist es besser schnell zu verschwinden, weil er mit großer Entschiedenheit angreift.

Nicht gefährlich, aber "elektrisierend" ist der Kontakt mit dem **Zitterrochen** (e), ein Tier das den anderen Rochen und Feuerflundern ähnlich sieht und über komplizierte elektrische Organe mit "Akkumulatoren" verfügt, mit denen es im richtigen Moment elektrische Schläge austeilen kann, um ein Beutetier zu lähmen oder einen Angreifer einzuschüchtern. Die **Doktorfische** (m) tragen an den Schwanzseiten Knochenplatten und Klingen, die bei einigen Arten scharf wie Skalpelle sind. Für den Taucher wird es nur gefährlich, wenn er sie mit den Händen fassen will, die Klingen können dann tiefe und schmerzhafte Wunden verursachen.

Unter den wirbellosen Tieren liegt die Gefahr vor allem in den Nesselzellen einiger Arten, daher sollte man immer einen vollständigen Tauchanzug mit Füßlingen und Handschuhen tragen und vor allem das Korallenriff nicht berühren. Der Kontakt mit nesselnden **Quallen** (h) kann einen brennenden Schmerz verursachen, von ihnen gibt es in den Malediven zum

Glück nur wenige. Sehr viel wahrscheinlicher wird man eine **Hydrozoe** berühren, wie beispielsweise die berühmte **Feuerkoralle** (l), die wie eine senfgelbe Madrepora aussieht, mit weißlichen Endungen. Bei Hautkontakt wird ein Toxin eingespritzt, das unangenehme "Verbrennungen" verursacht, die mit Kortisonsalbe oder Alluminiumsulfat behandelt werden müssen. Die gleichen Symptome verursachen gewisse gefiederte **Hydroiden**-Arten, die weißen oder gelblichen Pflänzchen ähneln. Schon etwas harmloser sind gewisse **Seeanemonen** und **Cnidarier**. Die langen Stacheln der nachtaktiven **Diademseeigel** dagegen können ohne Schwierigkeiten das Neopren des Tauchanzuges durchdringen, im Fleisch abbrechen und einen scharfen Schmerz verursachen, nicht so sehr wegen des Stiches, sondern weil sie ein Gift absondern, das sich an der Stachelspitze befindet. Auch die kleinen Dorne, die die Arme der **Schlangensterne** (i) bedecken, dringen leicht in die Finger ein, wo sie tief im Fleisch sitzen bleiben. Schließlich hüte man sich vor den **Kegelschnecken**, die winzige Harpunen abschießen können, die mit einer Giftdrüse verbunden sind. Einge Arten der Malediven wie *Conus textile* und *Conus geographus* besitzen ein so starkes Gift, daß sie zuweilen den Tod von Muschelsammlern verursacht haben.

SCHNORCHELN UND TAUCHEN

Alle Touristendörfer der Malediven verfügen über ein wohlausgerüstetes Tauchzentrum, mit dessen Hilfe man Tauchgänge mit und ohne Atemgerät organisieren kann. Zur einfachen Beobachtung mit dem Schnorchel ist tatsächlich jedermann in der Lage, der einigermaßen sicher zu schwimmen versteht, ihm genügen eine Taucherbrille, ein Paar Flossen und ein Schnorchel. Man sollte jedoch diese Mindestausrüstung bereits am Wohnort kaufen, wo der Fachmann die bestmöglichen Artikel auswählen hilft. Die Flossen sollten (ohne Schnallgurt) den Fuß ganz umschließen und nicht zu lang sein, die Taucherbrille muß gut am Gesicht anliegen, damit kein Wasser eindringen kann, das Mundstück des Schnorchels sollte möglichst weich sein und selbst bei langem Gebrauch nicht lästig werden.

Der Kontakt mit den Korallenbänken und anderen Organismen kann Abschürfungen und Hautverletzungen verursachen, die sich im tropischen Klima leicht entzünden, daher ist es besser, zum Schutz einen 3 mm starken Tauchanzug anzuziehen, zwei- oder einteilig, es kann aber auch ein leichter Anzug aus Lycra genügen, um sich vor nesselnden Tieren abzuschirmen und mit diesem Mindest-Kälteschutz den Aufenthalt im Wasser zu verlängern.

Im Inneren der Korallenriffs der Malediven findet man alle Voraussetzungen zum Schnorcheln und bereits wenige Meter unter der Wasseroberfläche sieht man eine große Anzahl von Fischen und Krebstieren, auch wenn man an der Oberfläche bleibt. Mit kleinen Tauchversuchen nähert man sich mit Leichtigkeit an die zahllosen Fische der Korallenbank an, wer noch tiefer vordringt und ohne heftige Bewegungen auskommt, wird mit Überraschung erleben, daß sich sogar große Hochseefische neugierig annähern.

Das Tauchen mit Atemgerät ermöglicht natürlich noch viel stärkere Erlebnisse. Auf jeder Insel finden Tauchlehrgänge statt, jeder kann die erforderlichen Geräte und Techniken in einer Woche beherrschen lernen und den internationalen Tauchschein erwerben. Allerdings gibt es auch kürzere Lehrgänge, eine Art Einführung in die Unterwasserwelt ohne ausgesprochene Kurse und theoretische Lektionen.

Am besten wäre es, man träfe auf den Malediven bereits mit dem zu Hause erworbenen Tauchschein ein und hätte die notwendige Erfahrung, um vom ersten Tag an reguläre Tauchgänge durchzuführen. Man taucht fast immer vom Boot aus, was eine gewisse Erfahrung für das Unter- und Auftauchen im offenen Wasser und ohne Leine erfordert.

Schwierigkeiten kann auf den Malediven die Strömung verursachen, die man oftmals erheblich zu spüren bekommt, so daß sich Komplikationen ergeben mögen. Die Bootsführer und Tauchlehrer wissen wie man sich zu verhalten hat, aber auch der einzelne Taucher sollte eine ausreichende Geschicklichkeit erworben haben, um sich in jeder Situation zurechtzufinden. Gleichzeitig muß er jedoch auch den Sauerstoffverbrauch unter Kontrolle halten und das Tarierjacket mit Umsicht zu gebrauchen wissen.

Für das Atemgerät kommen stets Einzelgasflaschen von 10, 12 oder 15 Litern zum Einsatz, die fast immer mit einem Einzelhahn ausgerüstet sind. Daher ist es unnütz, zwei getrennte Druckluftventile mitzubringen, von denen nur eines an den Hahn angeschlossen werden könnte. Besser ist es daher, gleich einen "Oktopus" mitzubringen, wo zwei zweite Stufen auf eine erste Stufe montiert sind.

Die Wassertemperatur bleibt das ganze Jahr über warm, mit Temperaturen zwischen 27° und 29°, also genügt ein zwei- oder einteiliger Tauchanzug von 3 mm Dicke ohne Kopfhaube. Die besten Füßlinge haben steife Sohlen, mit denen man mit größerer Sicherheit im flachen Wasser laufen kann, für sie braucht man allerdings Flossen mit Schnallengurt.

Die Ausrüstung vervollständigt ein Tarierjacket, ein Messer, schützende Handschuhe und eine Taschenlampe, mit der man in die zahllosen Höhlungen des Riffs leuchten kann. Natürlich ist eine Taschenlampe für nächtliche Tauchgänge unerläßlich.

Als sehr nützlich erweist sich auch ein Computer, der bei jedem Untertauchen automatisch die Aufnahme von Stickstoff berechnet und dabei auch den noch nicht verbrauchten Stickstoff vorheriger Tauchgänge berücksichtigt. Dieses elektronische Gerät findet unter den Tauchern immer mehr Verbreitung, weil es die Sicherheit des Unterwassersportes erhöht und damit auch mehr Vergnügen gewährt.

UNTERWASSERFOTOGRAFIE

Wer auch immer das Glück hat, im Meer der Malediven zu baden, möchte am Ende ein Stück der farbenprächtigen Unterwasserwelt wenigstens in Form von fotografischen Abzügen oder Diapositiven mit nach Hause nehmen. Gute Ergebnisse erzielt man jedoch nicht ohne Schwierigkeiten und sie erfordern eine Ausrüstung, die wesentlich komplizierter und teurer ist als eine wasserdichte Wegwerfkamera.

Die optischen und physischen Bedingungen der Unterwasserfotografie verlangen ausgezeichnete Objektive und ein Blitzlicht, das allerdings nicht in den Fotoapparat eingebaut sein darf, denn wenn man die kleinen und großen Partikel, die im Wasser schweben, frontal aufhellt, erscheinen sie auf dem Film als weiße Punkte in der Art von Schneeflocken. Man braucht also eine Spezialausrüstung, die in verschiedenen Modellen und Ausführungen angeboten wird.

Einerseits gibt es bereits wasserdichte Kameras, die man nicht erst in ein spezielles Gehäuse stecken muß. Die berühmteste ist die Nikonos, von der heute bereits das fünfte Modell gebaut wird, mit automatischer Belichtung und Wechselobjektiven (nur außerhalb des Wassers zu wechseln!).

Es gibt auch noch andere Unterwasserkameras, sie haben jedoch nur ein fest eingebautes Standardobjektiv, vor das man eventuell mittels Vorsatzlinsen eine Art Weitwinkel montieren kann.

Eine andere Methode besteht darin, eine Landkamera in ein wasserdichtes Gehäuse einzuschließen und die verschiedenen Bedienungsmechanismen nach außen zu verlängern. Diese scheinbar archaische Prozedur ermöglicht eine sehr viel reichhaltigere Objektivauswahl als sie die Unterwasserkameras bieten. Dafür kommen nur Reflexkameras mit Objektivmessung in Frage, die einzigen, die eine genaue Scharfstellung und die exakte Begrenzung des Ausschnittes entsprechend dem jeweiligen Objektiv gewährleisten. Heute erleichtern zusätzlich automatische Scharfstellung und Belichtung die Arbeit des Fotografen.

Schon in wenigen Metern Tiefe ist der Gebrauch eines Elektronenblitzes unumgänglich. Er dient nicht so sehr dazu, die oftmals bereits von der Sonne genügend erleuchtete Unterwasserszenerie aufzuhellen, sondern ihr wieder Farbe zu verleihen. Schon nach wenigen Metern filtert das Wasser die Farben heraus, so daß eine Aufnahme in zehn Metern Tiefe ohne Kunstlicht nur noch bläuliche Farben hat, ohne rote, rosa, orangene und gelbe Farbtöne, die die Unterwasserwelt so faszinierend und abwechslungsreich erscheinen lassen. Der Erwerb eines Unterwasserblitzes ist jedoch unverhältnismäßig teuer und kann sogar den Preis der Unterwasserkamera übersteigen. Er muß nicht so sehr ein starkes, sondern vor allem ein weiches, gleichförmiges und weitreichendes Licht aussenden, so daß auch die Weitwinkelaufnahmen gut ausgeleuchtet erscheinen.

Die Elektronenblitze werden sowohl mit Trockenbatterien als auch mit wieder aufladbaren Akkumulatoren geliefert, für die Belichtung wähle man Modelle mit TTL-Automatik, die synchron mit der Kamera funktioniert, aber auch abgestellt werden kann.

Als Filmmaterial kommen nur Diapositive in Frage. Die Negativfarbfilme ergeben unbefriedigende Ergebnisse, weil beim automatischen Druck der Fotografien die Unterwasserfarben falsch interpretiert werden. Die Filmempfindlichkeit sollte zwischen 50 und 100 ISO liegen, weil so die Schärfe und Definition wesentlich besser sind als bei empfindlicherem Material.

Unter dem zahlreichen Zusatzgerät wähle man Zwischenringe oder Vorsatzlinsen (für Unterwasserkameras) oder ein Objektiv für Nahaufnahmen aus (für Kameras mit Unterwassergehäuse), mit dem man kleinste Organismen auch aus größter Nähe aufnehmen kann. Diese Art der Fotografie ist nicht besonders schwierig und schenkt von den ersten Aufnahmen an befriedigende Ergebnisse.

Ein wasserdichter Fotoapparat Motormarine der japanischen Firma Sea & Sea (oben) und ein Gehäuse aus Alluminiumguß der kanadischen Aqua Vision für die Nikon F 90X mit Verschluß für Nahaufnahmen

1

2

1, 2, 3 - Grauer Riffhai *(Carcharhinus amblyrhynchos)*

HAIFISCHE

Offenes Meer/Riff - tagesaktiv/nachtaktiv - Einzelgänger/Gruppentier - Fleischfresser - 0/70 m

Der Hai geriet zum Teil auch wegen frühen Zusammenstößen mit Tauchern in schlechten Ruf, allerdings immer in Zusammenhang mit Unterwasserjagd. Die Haie werden ganz besonders von den Bewegungen eines verletzten Fisches angelockt und deshalb ist es klar, daß sie herbeieilten, wenn ein harpunierter Fisch im Wasser um sich schlug und Blut verlor. Sie traten bereits in erregtem Zustand auf den Plan und versuchten, die blutende Beute den Tauchern zu entreißen. Seitdem die Unterwasserjagd in den meisten tropischen Gewässern verboten worden ist, hat sich das Verhalten der Haie vollständig geändert, sie sind jetzt scheu und mißtrauisch, es ist schwer an sie heranzukommen und beim ersten Versuch sie zu verfolgen, suchen sie sofort das Weite. Deshalb ist es sogar schwierig geworden, sie zu fotografieren, es sei denn man lockt sie mit einem Köder an. Unter Wasser einem Hai zu begegnen, sollte deshalb nicht weiter beunruhigen. Man bleibt verwundert, wie elegant sie sich als wahre Herren der Meere bewegen. Dennoch sollte man ihr Angriffspotential nicht vergessen, unvorsichtige oder törichte Taucher können mit ihnen sehr unangenehme Erfahrungen machen.

Die Haie sind als Knorpelfische mit den Mantas, den Adlerrochen, den Zitterrochen und den Rochen im allgemeinen verwandt.

Am ehesten trifft man am Riff auf den Weißspitzen-Riffhai *(Triaenodon obesus)*, dessen Rücken- und Schwanzflossen weiße Spitzen haben. Man sieht ihn oftmals auf dem sandigen Meeresgrund oder in Höhlungen liegen, wo er lange zu verweilen pflegt. Er ist vor allem nachtaktiv und verfolgt seine Beutetiere hartnäckig bis in die Riffspalten, was ihm wegen seiner schlanken Form nicht sehr schwer fällt.

Der Graue Riffhai *(Carcharhinus amblyrhynchos)* ist Hauptdarsteller aller Meeresaquarien oder ähnlicher Attraktionen, bei denen Haie gefüttert wer-

4 - Weißspitzen-Riffhai *(Triaenodon obesus)*
5, 7 - Leopardenhai *(Stegostoma fasciatum)*
6 - Hammerhai *(Sphyrna lewinii)*
8 - Silberspitzenhai *(Carcharhinus albimarginatus)*
9, 10 - Gewöhnlicher Ammenhai *(Nebrius ferrugineus)*

den. Sein Körper ist wesentlich plumper und mit seinen 175 cm Länge flößt er bereits einen gewissen Respekt ein. Man erkennt ihn an einem helleren Streifen an der Rückenflosse und an einem schwarzen Saum an der Schwanzflosse.
Ähnlich wie der Graue Riffhai sieht der Silberspitzenhai *(Carcharhinus albimarginatus)* aus, dessen Flossen jedoch alle weiß gesäumt sind. Er erreicht 180 cm Länge und kann ziemlich aggressiv werden, wenn er einen Taucher aus seinem Hoheitsgebiet verscheuchen will.

Eindrucksvoll ist vor allem die Begegnung mit dem Hammerhai *(Sphyrna lewinii)*, der oft in großen Scharen auftritt und an der typischen Kopfform zu erkennen ist. Er gilt als gefährlich, hat aber noch nie einen Taucher belästigt.
Über sandigen Meeresgründen trifft man auf den Leopardenhai *(Stegostoma fasciatum)*, der eine gescheckte Haut hat und genauso harmlos ist wie der Gewöhnliche Ammenhai *(Nebrius ferrugineus)*, der tagsüber die Höhlungen des Riffs aufsucht und sich dort verbirgt.

Dasyatidae (Stechrochen) - Myliobatidae (Adlerrochen) - Mobulidae (Teufelsrochen) - Torpedinidae (Zitterrochen)

Auch die Stechrochen sind wie die Haie Knorpelfische und haben ihren Körper an das Leben auf dem Meeresgrund angepaßt. Sie besitzen eine furchterregende Verteidigungswaffe, einen sägeförmigen, giftigen Stachel, der am Schwanz sitzt und schmerzhafte Wunden schlagen kann. Sie ruhen halbbedeckt im sandigen Grund oder in Höhlungen und nähren sich von Muscheln, Krebstieren und kleinen Fischen, die sie, selbst wenn sie noch so gut im Sand versteckt sind, mit einem hochempfindlichen Empfangsorgan über das schwache elektrische Feld orten, von dem alle Lebewesen umgeben sind. Die verbreitetste Art der Malediven ist der Schwarzpunkt-Stechrochen *(Taeniura melanospilos)*, der einen Durchmesser von mehr als 1,50 m erreichen kann.
Die Gefleckten Adlerrochen *(Aetobatis narinari)* trifft man schon etwas öfter an, vor allem wenn sie in halber Höhe rhythmisch ihre großen "Flügel"

11 - Schwarzpunkt-Stechrochen *(Taeniura melanospilos)*
12 - Detail des Auges eines Schwarzpunkt-Stechrochens
13 - Der gefährliche Stachel eines Schwarzpunkt-Stechrochens
14 - Manta oder Teufelsrochen *(Manta sp.)*

15 - Zitterrochen *(Torpedo sinuspersici)*
16 - Gefleckter Adlerrochen *(Aetobatis narinari)*

schlagen. Sie haben ein zugespitztes Maul, was ihnen einen merkwürdigen Ausdruck verleiht und tragen ein schönes moiriertes Kleid und einen peitschenförmigen Schwanz, der dreimal so lang wie ihr Körper ist. Auch die Adlerrochen besitzen wie die Stechrochen 1 bis 5 Giftstachel, die jedoch am Schwanzansatz untergebracht sind.

Früher glaubte man, die großen Mantas oder Teufelsrochen *(Manta birostris)* seien für den Menschen gefährlich, es handelt sich jedoch um völlig harmlose Tiere, die sich ausschließlich von Plankton ernähren, das sie beim Schwimmen einfangen, indem sie ihr riesiges Maul aufsperren. Neben dem Kopf targen sie zwei Kopfflossen, mit denen sie das Wasser auf das Maul zuleiten. Die Mantas erreichen ungeheure Ausmaße, eine Spannweite von 5 bis 6 Meter. An bestimmten Sandbänken kann man sie mit Leichtigkeit antreffen.

Die Zitterrochen ähneln den Stechrochen, ihr Körper ist jedoch runder und der stachellose Schwanz kürzer. Sie verfügen über ein kompliziertes elektrisches Organ, das einem Akkumulator ähnelt, mit dem sie ihre Beute betäuben können. Die dabei freigesetzten Stromstöße sind von beachtlicher Stärke.

Sphyraenidae - Barrakuda

Offenes Meer - tagesaktiv/ nachtaktiv - Einzelgänger/Gruppentiere - Fleischfresser - 0/50 m

Angesichts eines großen Barrakuda fühlt man sich immer etwas unbehaglich, weil er ein fürchterliches Gebiß und einen kalten, forschenden Blick hat, wie er für Raubfische typisch ist. Gegenüber den Tauchern verspürt der Barrakuda offenbar nur Neugierde und wenn er sie gestillt hat, schwimmt er in aller Ruhe mit kaum wahrnehmbaren Bewegungen der mächtigen Schwanzflosse davon. Die Barrakudas vereinigen sich oft in hunderten von Exemplaren und bilden manchmal einen Kreis rings um die Taucher, ein großartiges Schauspiel. Der "Gigant" dieser Gruppe heißt *Sphyraena barracuda*, er kann über 2 m lang werden und ein Gewicht von mehr als 40 kg erreichen. Ihm allein werden Angriffe auf Menschen nachgesagt, die jedoch alle in trübem Wasser erfolgt sind, wo die Bewegungen eines Schwimmers leicht mit denen eines verletzten Fisches verwechselt werden können.

17 - Großer Barrakuda *(Sphyraena barracuda)*
18, 19 - Schwärme von Barrakuda *(Sphyraena sp.)*

Carangidae - Makrelen

Offenes Meer - tagesaktiv - Einzelgänger/Gruppentiere - Fleischfresser - 0/60 m

Zu einem erregenden Zusammentreffen kann es mit den silbernen, stets in Bewegung befindlichen Makrelen kommen, die als Bewohner des offenen Meeres plötzlich im flachen Wasser auftauchen. Sie sind unermüdliche Schwimmer mit vollendeter hydrodynamischer Form, die sich als Jungtiere in großen Schwärmen vereinigen und als Erwachsene Einzelgänger werden. Einige Arten erreichen beachtliche Ausmaße mit mehr als 1,5 m Länge. Sie sind starke Raubfische, mit wenigen natürlichen Feinden und durchstreifen die äußeren Riffabhänge, wo sie sich wie Falken auf schwächere oder unaufmerksame Beutetiere stürzen. Die verbreitetsten Arten sind die Blauflossenmakrele *(Caranx melampygus)* und die Großaugenmakrele *(Caranx sexfasciatus)*.

20 - **Schwarze Makrele** *(Caranx lugubris)*
21 - **Großaugenmakrele** *(Caranx sexfasciatus)*
22 - **Blauflossenmakrele** *(Caranx melampygus)*

Ephippidae - Platax oder Fledermausfische

Offenes Meer - tagesaktiv - Einzelgänger/Gruppentiere - Fleischfresser - 0/25 m

Die Platax zählen zu den elegantesten Arten des Korallenriffs, vor allem als Jungtiere, wenn ihre Rücken- und Bauchflossen stark ausgebildet sind, deshalb die Bezeichnung "Fledermausfische". Ihr Körper ist seitlich stark abgeplattet, so daß das erwachsene Tier fast eine runde Form hat, mit leuchtenden silbrigen Schuppen und dunkleren vertikalen Streifen. Diese Form ist beim Schwimmen nicht sehr förderlich, so daß die Fledermausfische keine große Geschwindigkeit erreichen, sondern vor allem in halber Wassertiefe dichte Schwärme bilden. Von dort aus tauchen sie hin und wieder zum Grund und fangen Krebse und andere kleine Tiere. In den Malediven gibt es zwei Arten, *Platax orbicularis* und *Platax teira*. Ersterer hat eine stärker vorspringende Schnauze, der zweite ein fast vertikales Profil.

23 - Rundkopf-Fledermausfisch *(Platax orbicularis)*
24 - Die Schnauze eines jungen Platax *(Platax sp.)*
25 - Langflossen-Fledermausfisch *(Platax teira)*

26

27

Lutjanidae - Schnapper

Offenes Meer/Riff - Einzelgänger/Gruppentiere - nachtaktiv/tagesaktiv - Fleischfresser - 5/150 m

Zu dieser Familie zählen einige massige Fische wie der Kupfer-Schnapper *(Lutjanus bohar)*, der bis zu einem Meter lang werden kann, einer der stärksten Raubfische des Korallenriffs, der bei dem kleinsten Anzeichen von Unruhe sofort angeschwommen kommt. Man trifft ihn auch im flachen Meer an, aber er bevorzugt das tiefere Wasser, wo er einsam und alarmbereit lebt. Andere Vertreter derselben Familie, wie zum Beispiel die Blaustreifen-Schnapper *(Lutjanus kasmira)* mit lebhaftem gelbem Kleid, vereinigen sich zu dichten Schwärmen und bilden im Wasser geradezu lebende Wände. Ebenfalls in Schwärmen, wenn auch weniger zahlreich, tritt der *Lutjanus monostigma* auf, der sich gerne in Höhlen zurückzieht und *L. gibbus*, der das seichtere Wasser mit viel Strömung bevorzugt, wo er in Gruppen den Tag verbringt.

26 - Kupfer-Schnapper *(Lutjanus bohar)*
27, 30 - Blaustreifen-Schnapper *(Lutjanus kasmira)*
28 - Gelbaugen-Schnapper *(Macolor macularis)*
29 - Gabelschwanz-Schnapper *(Aphareus furca)*
31 - Zweifleck-Schnapper *(Lutjanus biguttatus)*
32 - Einfleck-Schnapper *(Lutjanus monostigma)*
33 - Buckel-Schnapper *(Lutjanus gibbus)*

28

Lethrinidae - Straßenkehrer

Offenes Meer/Riff - Einzelgänger/Gruppentiere - tagesaktiv/nachtaktiv - Fleischfresser - 5/120 m

Die Lethrinidae werden oft mit den Lutjanidae verwechselt, mit denen sie eine ähnliche Form und Freßgewohnheiten teilen und auch weil im Deutschen beide Familien "Schnapper" genannt werden. Sie sind emsige Raubfische, die sich von anderen Fischen, Weichtieren und Krebsen ernähren. Einige Arten wie *Lethrinus erythracanthus* werden bis zu 70 cm lang, leben als Einzelgänger und bevorzugen schattige Höhlen und Spalten. *Monotaxis grandoculis* verdankt seinen Namen den großen runden Augen. Das Jungtier trägt vier vertikale schwarze Streifen mit hellen Streifen dazwischen, die der ausgewachsene Fisch nicht mehr hat. *Gnathodentex aureolineatus* ist ein typisches Gruppentier und versammelt sich in Schwärmen von mehreren Dutzend. *Lethrinus xanthochilus* kommt selten vor und läßt sich von Tauchern kaum annähern. Er frißt die von den meisten anderen Fischen verschmähten Seegurken.

34 - Gelbflossen-Straßenkehrer (*Lethrinus erythracanthus*)
35 - Großaugen-Straßenkehrer (*Monotaxis grandoculis*)
36 - Leuchtfleck-Straßenkehrer (*Gnathodentex aureolineatus*)

Caesionidae - Füsiliere

Hochseefische - tagesaktiv - Gruppentiere - Fleischfresser - 5/60 m

Die Füsiliere bilden regelrechte Fischbänke, die manchmal den Taucher wie festgefügte Wolken umhüllen, so wie das im Mittelmeer manchmal mit den Sardinen geschieht. Diese tagesaktiven Fische ernähren sich von kleinen Lebewesen in der Nähe des Korallenriffs. Am ehesten trifft man sie am äußeren Rand des Riffs, wo sie immer einen lustigen Akzent setzen, weil ihr buntes Kleid je nach Art rot, blau, hellblau oder gelb erstrahlt. Um ihren Verfolgern zu entkommen, setzen sie, anders als die meisten anderen Riffbewohner, auf ihre flinken Schwimmkünste und nicht auf die Höhlungen der Korallenbank.

37

38

37 - Dreistreifen Füsilier
 (Pterocaesio trilineata)
38 - Neon-Füsilier
 (Pterocaesio tile)
39 - Neon-Füsilier und Pisang-Füsilier
 (Pterocaesio tile und *Pterocaesio pisang)*
40 - Gelbstirn-Füsilier
 (Caesio xanthonota)

39   40

Echeneididae - Schiffshalter

Hochseefische - tagesaktiv -
Einzelgänger/Gruppentiere - Fleischfresser - 0/100 m

Die Schiffshalter sind bekannt wegen ihrer Angewohnheit, sich an den großen Meerestieren wie Haien, Mantas, Schildkröten, Napoleonfischen, Walen und Delphinen mit einem Saugnapf, den sie am Kopf tragen, festzusaugen. Dieser Saugnapf entstand aus der Umbildung einer Rückenflosse und erlaubt es den Schiffshaltern, sich mit großer Zähigkeit an ihrem Wirt festzusaugen. Sie vertilgen dessen Mahlzeitenreste und bieten dafür die Befreiung von Parasiten, die fast alle großen Meeresbewohner quälen. Nicht immer leben sie in Symbiose mit anderen Fischen, man trifft sie auch einzeln an oder in Schwärmen unter den Schiffen, die vor Anker liegen. Sie können bis zu einem Meter lang werden.

41, 42 - Hai-Schiffshalter *(Echeneis naucrates)*

Muraenidae - Muränen

Riff - Tag/Nacht - Einzelgänger - Fleischfresser - 2/50 m

Die Schlangenform und die glatte Haut ohne Schuppen erlauben es den Muränen, mit Leichtigkeit in die engsten Spalten des Riffs einzudringen. Dort leben sie tagsüber und, meistens in der Nacht, jagen sie ihre Beutetiere. Seit der Antike stehen die Muränen in schlechtem Ruf, es hieß sogar, daß sie die rebellischen Sklaven verschlangen, die ihnen von den Römern zum Fraß vorgeworfen wurden. In Wirklichkeit sind sie harmlos, solange sie nicht direkt angegriffen oder verletzt werden. Meist verkriechen sie sich scheu in ihren Schlupfwinkel, wenn ein Taucher angeschwommen kommt. Die außergewöhnliche Kraft, die großen Ausmaße und die kräftigen Zähne lassen es jedoch ratsam erscheinen, keine törichte Vertraulichkeit mit einer Muräne zu suchen, man könnte schwere Verletzungen davontragen. Die Riesen-Muräne *(Gymnothorax javanicus)* kann die eindrucksvolle Länge von mehr als 2,50 m erreichen. Bei den Muränen kommt es während ihrer Wachstumsperiode zu einer Geschlechtsumwandlung von Männchen zu Weibchen.

43 - **Riesen-Muräne** *(Gymnothorax javanicus)*
44 - **Große Netzmuräne** *(Gymnothorax favagineus)*

45, 46 - Riesen-Muräne
   (*Gymnothorax javanicus*)
47 - Große Netzmuräne
   (*Gymnothorax favagineus*)

46

47

Serranidae

Zu dieser Familie gehören zwei wichtige Gruppen, die Anthiinae oder Fahnenbarsche und die Zackenbarsche

Anthiinae - Fahnenbarsche

Riff - tagesaktiv - Gruppentiere - Fleischfresser - 0/15 m

Diese Fische sind wenige Zentimeter lang, haben aber so lebhafte Farben, daß sie wie rote, orangene oder violette Pinselstriche in den flachen Gewässern des Riffs aufleuchten. Sie leben in dichten Schwärmen und ernähren sich tagsüber von Plankton. Nachts verweilen sie geschützt vor Beutejägern in kleinen Höhlungen und Spalten.
Die Männchen haben eine auffallendere Form und Färbung und sind von einem regelrechten "Harem" bestehend aus etwa zehn "Konkubinen" umgeben. Beim Tode oder Verschwinden des Männchens übernimmt eines der erwachsenen Weibchen aus derselben Gruppe dessen Rolle, indem es Geschlecht und Aussehen wechselt.
Zu den häufigsten Arten in den Gewässern der Malediven zählt der Juwelen-Fahnenbarsch (*Pseudanthias squamipinnis*) und der wunderschöne Gelbschwanz-Fahnenbarsch (*Pseudanthias evansi*), zur Hälfte gelb und zur Hälfte violett.

48 - Gelbschwanz-Fahnenbarsch *(Pseudanthias evansi)*
49, 51 - Juwelen-Fahnenbarsch, Männchen
   (Pseudanthias squamipinnis)
50 - Juwelen-Fahnenbarsche *(Pseudanthias squamipinnis)*
52 - Indischer Flammenfahnenbarsch
   (Pseudanthias ignitus)

51

52

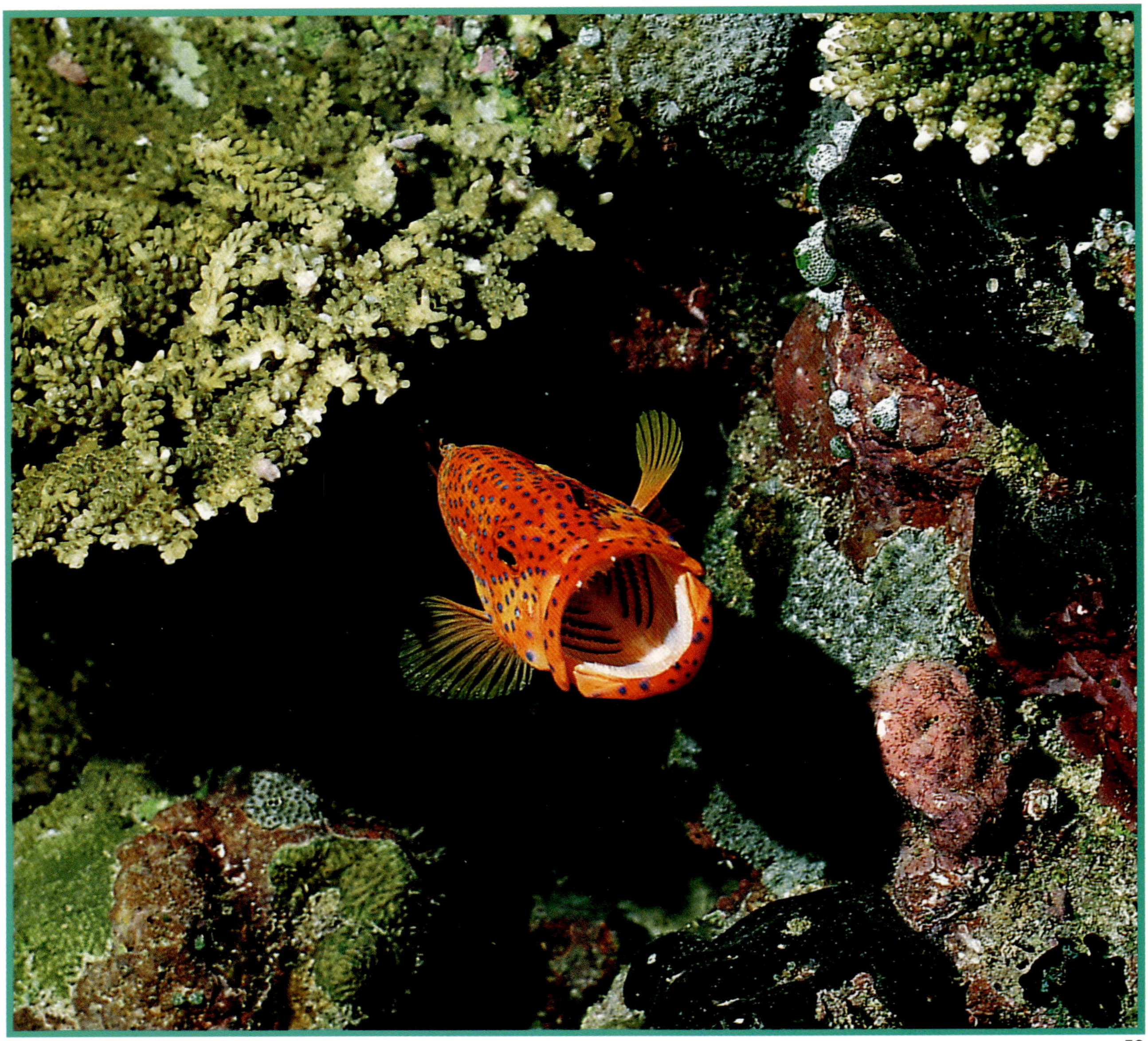

53

54

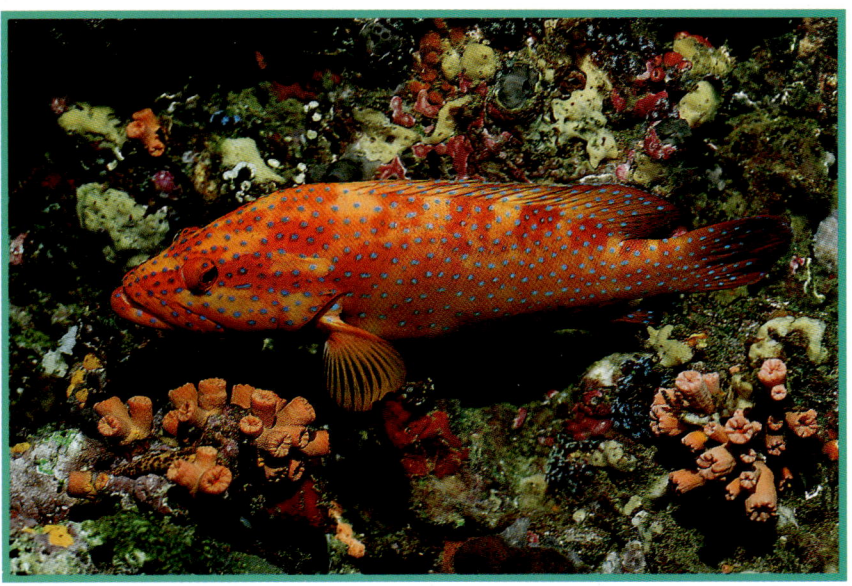

53, 54 - Juwelen-Zackenbarsch
(Cephalopholis miniata)
55, 56 - Sattel-Forellenbarsch
(Plectropomus laevis)
57 - Pfauen-Zackenbarsch
(Cephalopholis argo)

Serranidae - Epinephelini - Zackenbarsche

Riff - tagesaktiv/nachtaktiv - Einzelgänger - Fleischfresser - 5/200 m

Die Zackenbarsche gehören zu den stärksten Raubfischen des Riffs und jedes Exemplar verteidigt sein Gebiet hartnäckig gegen Eindringlinge derselben Art. Tatsächlich ähnelt der kräftige Körperbau dem der anderen Raubfische, der Unterkiefer tritt weiter vor als der Oberkiefer und das was zuweilen von den Zähnen sichtbar bleibt, flößt Respekt ein. Man findet sie von den ersten Metern der Korallenbänke bis zu Tiefen von weit über hundert Metern. Die Zackenbarsche lieben Höhlen und Wracks, in die sie sich zurückziehen können, wenn sie erschreckt sind. Manche von ihnen erstrahlen in lebhaften Farben wie z. B. der Juwelen-Zackenbarsch *(Cephalopholis miniata)*, dessen feuerrote Haut mit hellblauen Punkten übersät ist oder der Mondflossen-Zackenbarsch *(Variola louti)*, den man leicht an der sichelförmigen Schwanzflosse erkennt. Eine ausgesprochene Tarnung schützt dagegen den Rotflecken-Zackenbarsch *(Epinephelus tauvina)* der unbeweglich in den Höhlungen des Riffs ruht, so daß man ihn manchmal einfach nicht sieht. Große Ausmaße erreicht der Sattel-Forellenbarsch *(Plectropomus laevis)*, der mehr als einen Meter lang und 10 Kilo schwer werden kann. Sein Jugendkleid ist völlig verschieden von dem des erwachsenen Fisches, zunächst ist er hellgetönt mit schwarzen vertikalen Streifen und gelbem Schwanz, später dominiert eine braune Farbe mit helleren vertikalen Streifen und vielen blauen Flecken.

58 - Spitzkopf-Zackenbarsch
     (*Anyperodon leucogrammicus*)
59 - Vierfleck-Wabenbarsch
     (*Epinephelus spilotoceps*)
60 - Getarnter Zackenbarsch
     (*Epinephelus polyphekadion*)
61 - Harlekin-Zackenbarsch
     (*Cephalopholis polleni*)
62 - Rotflecken-Zackenbarsch
     (*Epinephelus tauvina*)
63 - Schneeflocken-Zackenbarsch
     (*Epinephelus caeruleopunctatus*)

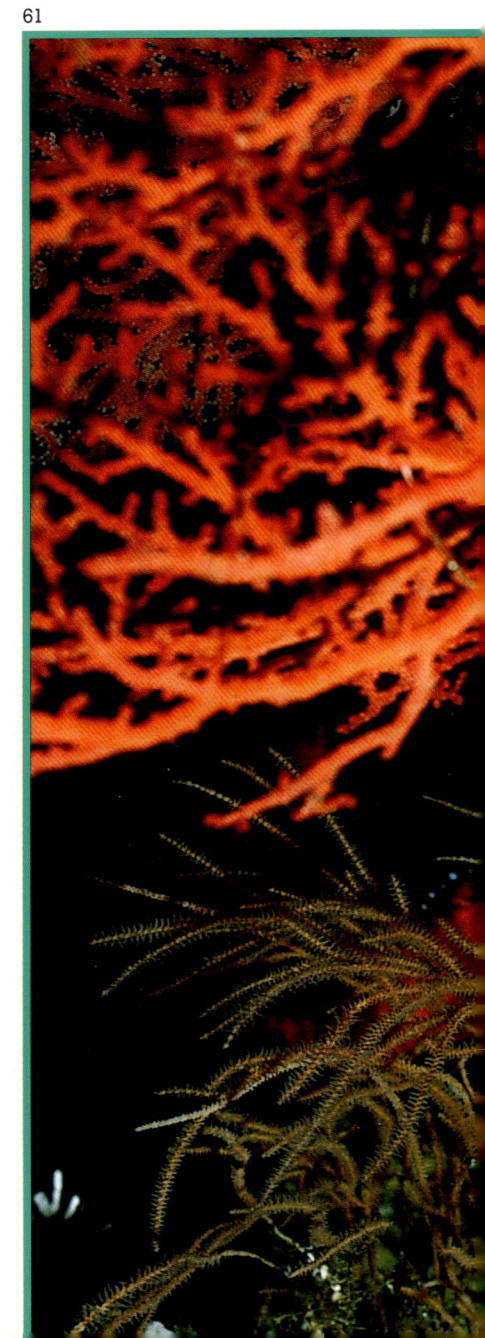

62

63

64 - Rotmaul-Zackenbarsch
   (*Aethaloperca rogaa*)
65 - Baskenmützen-Zackenbarsch
   (*Epinephelus fasciatus*)

Haemulidae - Süßlippen

Riff - tagesaktiv/nachtaktiv - Gruppentiere - Fleischfresser - 2/40 m

Die Süßlippen versammeln sich zu kleinen Gruppen von 5 bis 10 Fischen und stehen so in geringer Tiefe im Schutz des Korallenbaus. Die häufigste Art der Malediven nennt sich Orient-Süßlippe *(Plectorhynchus orientalis)* und bezitzt ein auffälliges Kleid von weißen und schwarzen horizontalen Streifen, während Maul, Flossen und Schwanz schwarze Flecken auf gelbem Grund aufweisen. Das Jugendkleid ist ganz anders und dient mit seinen gelben und braunen Flecken zur Tarnung. In tiefer liegenden Höhlen trifft man auf die Silber-Süßlippe *(Diagramma pictum)*, die bis zu 90 cm lang werden kann und ein silbergraues Kleid trägt. Als Fleischfresser ernährt sie sich vor allem von Muscheln und Krebsen.

66,70 - Orient-Süßlippe
(*Plectorhynchus orientalis*)
67 - Orient-Süßlippe, Jugendkleid
(*Plectorhynchus orientalis*)
68 - Harlekin-Süßlippe
(*Plectorhynchus chaetodonoides*)
69 - Silber-Süßlippe
(*Diagramma pictum*)

68

69

70

Labridae - Lippfische

Riff - tagesaktiv - Einzelgänger - Fleischfresser - 0/50 m

Die Familie der Lippfische ist nicht nur eine der artenreichste, sondern fast alle Arten wechseln auch ihr Schuppengewand je nach Alter. Oft haben sie eine völlig verschiedenen Färbung als Jungtiere, in der Übergangszeit und wenn sie ausgewachsen sind. Daher ist es nicht ganz einfach, die verschiedenen Arten zu identifizieren, auch wenn die leicht erkennbare Fortbewegungsart für alle gleich ist. Die Lippfische benutzen zum Schwimmen die Brustflossen, so daß ein wellenförmiger Bewegungsablauf entsteht. Der Riese in der Familie ist der wohlbekannte Napoleonfisch *(Cheilinus undulatus)*, der eine Länge von mehr als 2 Metern und ein Gewicht von fast 200 Kilo erreichen kann. An der Stirn hat er einen seltsamen Wulst, der der Kopfbedeckung des namengebenden Kaisers ähnelt. Andere Arten sind dagegen sehr klein, wie zum Beispiel der Putzer-Lippfisch *(Labroides dimidiatus)*, der sich um die Reinigung der anderen Fische, vor allem der Raubfische, kümmert, indem er sie von Parasiten befreit. Die strahlenden und fantastischen Farben der Lippfische sind von atemberaubender Schönheit. Es handelt sich um tagesaktive Fische, die nachts in den Höhlungen des Riffs Schutz suchen, wo sie weniger auffällige Tarnfarben annehmen.

71 - Kanarienvogel-Junker, Männchen
    (Halichoeres leucoxanthus)
72 - Diana-Schweinslippfisch *(Bodianus diana)*

73 - Stülpmaul-Lippfisch, Weibchen *(Epibulus insidiator)*
74 - Stülpmaul-Lippfisch, Männchen *(Epibulus insidiator)*
75 - *Cheilinus hexataenia*
76 - Wangenband-Lippfisch *(Cheilinus digrammus)*
77 - Achselfleck-Schweinslippfisch, Weibchen oder Jungtier *(Bodianus axillaris)*
78 - Gelbschwanz-Perljunker, Weibchen *(Anampses meleagrides)*

77

78

79

80

81

82

83

84

44

79 - Schachbrett-Junker *(Halichoeres hortulanus)*
80 - Spiegelfleck-Lippfisch, Jugendkleid *(Coris aygula)*
81 - Diamant-Lippfisch, Männchen
 (Macropharyngodon bipartitus)
82 - Diamant-Lippfisch, Weibchen
 (Macropharyngodon bipartitus)
83 - Vroliks Junker, Männchen *(Halichoeres vrolikii)*
84 - Schmuck-Junker, Männchen *(Halichoeres cosmetus)*
85 - Keilschwanz-Putzerfisch, Weibchen oder Jungtier
 (Labropsis xanthonota)
86 - Zweifarben-Junker *(Thalassoma amblycephalum)*
87 - Sechsstreifen-Junker *(Thalassoma hardwicke)*
88 - Rotstreifen-Junker *(Thalassoma quinquevittatum)*
89 - Mondschwanz-Lippfisch *(Thalassoma lunare)*

90 91

90 - Streifen-Bannerlippfisch
   (*Hemigymnus fasciatus*)
91 - Napoleonfisch
   (*Cheilinus undulatus*)
92 - Zweifarben-Putzerfisch
   (*Labroides bicolor*)
93 - Putzer-Lippfisch
   (*Labroides dimidiatus*)
94 - Rotbrust-Lippfisch
   (*Cheilinus fasciatus*)

92

93

94

Pomacanthidae - Kaiserfische

Riff - tagesaktiv - Einzelgänger - Allesfresser - 0/50 m

Den Namen tragen sie wahrscheinlich wegen der Schönheit ihres Gewandes.
Fast alle Arten haben in der Jugend und als Erwachsene eine derartig verschiedene Zeichnung, daß man kaum glauben mag, es handele sich um denselben Fisch. Fast alle Vertreter dieser Familie tragen einen kräftigen Stachel vor dem Kiemendeckel, wodurch sie sich leicht von den ihnen ähnelnden Falterfischen *(Chaetodontidae)* unterscheiden lassen.
Sie machen eine Geschlechtsumwandlung durch, die Jungtiere sind erst weiblich und werden dann zu Männchen. Das Männchen lebt in einem ziemlich großen Bereich, mit 2 bis 5 Weibchen. Wenn das Männchen stirbt, übernimmt das stärkste Weibchen dessen Rolle, indem es sein Geschlecht wechselt.
Die Kaiserfische ernähren sich je nach Art von pflanzlichen und tierischen Organismen. Insbesondere die Jungtiere einiger Arten betätigen sich vorübergehend als Putzerfische und befreien andere Fische von lästigen Parasiten.

95 - Diadem-Kaiserfisch, Jugendkleid
 (Pomacanthus imperator)
96 - Diadem-Kaiserfisch *(Pomacanthus imperator)*
97 - Koran-Kaiserfisch *(Pomacanthus semicirculatus)*
98 - Pfauen-Kaiserfisch *(Pygoplites diacanthus)*

97

98

99 - Gelber Dreipunkt-Kaiserfisch
 (*Apolemichtys trimaculatus*)
100, 101 - Blaukopf-Kaiserfisch
 (*Pomacanthus xanthometopon*)

102 - Kleins Falterfisch (*Chaetodon kleinii*)
103 - Schwarzstreifen-Falterfisch (*Chaetodon meyeri*)
104 - Gelbkopf-Falterfisch (*Chaetodon xanthocephalus*)

Chaetodontidae - Falterfische

Riff - tagesaktiv - Gruppentiere/Einzelgänger - Fleischfresser/Allesfresser - 0/40 m

Die Falterfische verdanken ihren Namen den lebhaften, wunderschönen Farben, der runden Form und dem langsamen, "flatternden" Schwimmstil, der an Schmetterlinge denken läßt. Sie haben einen abgeplatteten, dünnen Körper, so daß sie auch in die schmalsten Spalten des Korallenriffs flüchten können, wenn sich ein Raubfisch nähert. Das Schnäuzchen ist dünn und zugespitzt und dient zum Ergreifen der Polypen in der Madrepora oder anderer kleiner Lebewesen in den Zwischenräumen des Riffs. Die beiden Arten *Forcipiger flavissimus* und *F. longirostris* besitzen eine besonders lange und dünne Schnauze, um auch in sehr enge Spalten eindringen zu können. Die Falterfische findet man selten allein, da sie stets als Paare leben, die sich das ganze Leben über nicht trennen. Die Gattung *Heniochus* vereinigt sich in bis zu hunderten von Exemplaren, so daß sie großen Vogelschwärmen ähneln. Nachts schlafen die Falterfische wohlgeschützt in den Höhlungen des Riffs, um nächtlichen Jägern wie den Muränen zu entgehen. Wenn sie tagsüber schwimmen, dient teilweise auch ihr Kleid zur Tarnung, da es von Bändern, Streifen und "falschen Augen" unterbrochen wird, die die Feinde trügen und verwirren sollen.

105 - Punktierter Falterfisch *(Chaetodon citrinellus)*
106 - Indischer Baroness-Falterfisch *(Chaetodon triangulum)*
107 - Zickzack-Falterfisch *(Chaetodon trifascialis)*
108 - Keilfleck-Falterfisch *(Chaetodon falcula)*
109 - Zickzack-Falterfisch *(Chaetodon trifasciatus)*

110 - Langmaul-Pinzettfisch
   (*Forcipiger longirostris*)
111 - Bennetts Falterfisch
   (*Chaetodon bennetti*)

112 - Tränen-Falterfisch (*Chaetodon unimaculatus*)
113 - Falscher Gitterfalterfisch (*Chaetodon oxycephalus*)
114 - Mondsichel-Falterfisch (*Chaetodon lunula*)
115 - Gelbsaum-Falterfisch (*Chaetodon melannotus*)
116 - *Chaetodon madagascariensis*

117 - Nasenhöcker-Papageifisch, Weibchen
  (*Scarus rubroviolaceus*)
118 - Nasenhöcker-Papageifisch, Männchen
  (*Scarus rubroviolaceus*)
119 - Masken-Papageifisch (*Cetoscarus bicolor*)

Scaridae - Papageifische

Riff - tagesaktiv - Einzelgänger/Gruppentiere - 0/20 m

Mit angehaltenem Atem kann man unter Wasser ohne weiteres das typische Geräusch hören, das die Papageifische verursachen, wenn sie mit ihrem kräftigen "Schnabel" die dünne Algenschicht der Madrepora abäsen. Sie verdauen nur die Algen, während sie die ebenfalls abgekratzten Kalkteile in Form von kleinen Sandwölkchen absondern. Diese Aktivität der Papageifische ergibt einen derartig reichhaltigen Ausstoß, daß man sie mit Recht zu den wichtigsten Produzenten des feinen weißen Korallensandes zählt, der bei den Touristen so gut ankommt.

Weil sie ausgesprochen tagesaktive Fische sind, sieht man sie nur am Tage allein oder in kleinen Gruppen umherschwimmen. In der Nacht ziehen sie sich in die Höhlungen des Riffs zurück, wo man sie anleuchten und an ihren strahlenden Farben erkennen kann. Einige Arten sondern nachts eine Schleimwolke ab, in die sie sich wie in einen Kokon einhüllen, so daß die Feinde ihren Geruch nicht wahrnehmen können und sie in Ruhe lassen. Die Papageifische tragen in den einzelnen Lebensabschnitten verschiedene Zeichnungen, die stärkste Farbumwandlung erfolgt mit dem Geschlechtswechsel.

117

118

119

120

121

122

120 - Grünwangen-Papageifisch
 (*Scarus prasiognathos*)
121 - Schwalbenschwanz-Papageifisch
 (*Scarus tricolor*)
122 - Grünbürzel-Papageifisch
 (*Scarus frenatus*)
123 - Rückenflosse eines
 Papageifisches (*Scarus sp.*)

123

Acanthuridae - Doktorfische

Riff - tagesaktiv - Gruppentiere/Einzelgänger - Pflanzenfresser/Allesfresser - 0/50 m

Man braucht kein Atemgerät, um diese Fische zu sehen, die zu den wichtigsten Bewohnern der Küstengewässer zählen. Jeder der schnorchelt, trifft sie schon im ganz flachen Wasser an, wo sie sich manchmal zu mehreren Dutzenden versammeln. Ihren Namen verdanken sie beweglichen Stacheln und Knochenplatten, die wie Skalpelle schneiden und seitlich am Schwanzansatz sitzen, wo sie durch eine kontrastierende Farbe hervorgehoben sind. Diese Klingen dienen sowohl zur Verteidigung gegen Raubfische als auch zum Kampf mit Konkurrenten derselben Art. Taucher sollten jede Berührung mit ihnen vermeiden, was nachts keine Schwierigkeiten bereitet, da sie sich dann in die Riffspalten zurückziehen. Wenn dieser Fisch um sich schlägt, kann er tiefe und sehr schmerzhafte Wunden verursachen. Einige Arten wie *Naso vlamingii* und *Naso hexacanthus* bringen erstaunliche Farbwechsel zustande, wenn sie ihre normale dunkle Tönung in ein helles Blau verwandeln, was im allgemeinen geschieht, wenn sie sich vom Putzerfisch reinigen lassen. Als besonders ausgefallene Art sei auf den Schärpen-Nasendoktor *(Naso brevirostris)* hingewiesen, der trotz seines lateinischen Namens einen ziemlich langen Sporn über dem Maul trägt.

127

128

129

130

124 - Gelbflossen-Doktorfisch *(Acanthurus xanthopterus)*
125 - Blauklingen-Doktorfisch, helle Färbung
       (Naso hexacanthus)
126, 128 - Weißkehl-Doktorfisch
       (Acanthurus leucosternon)
127 - Brauner Segelflossendoktor *(Zebrasoma desjardinii)*
129 - Masken-Nasendoktor, normale Färbung
       (Naso vlamingii)
130 - Blaustreifen-Doktorfisch *(Acanthurus lineatus)*
131 - Schärpen-Nasendoktor *(Naso brevirostris)*

131

Balistidae - Drückerfische

Riff - tagesaktiv - Einzelgänger - Pflanzenfresser/Allesfresser - 3/50 m

Auf der Außenseite des Korallenriffs trifft man oftmals kleine blaue Fische mit betont zweiendiger Schwanzflosse, die sich in enge Spalten flüchten, so daß nur noch der Schwanz hervorragt. Dabei handelt es sich meistens um die Rotzahn-Drücker *(Odonus niger),* die wie die anderen Drücker über ein ausgefallenes Verteidigungssystem verfügen: Sie können einen Stachel der Rückenflosse in senkrechter Position einrasten, so daß jeder Versuch, sie am Schwanz herauszuzerren, fruchtlos bleibt. Die Drückerfische haben so kräftige Zähne, daß sie die Schalen der Muscheln und Seeigel, von denen sie sich ernähren, zermalmen können. Sehr fotogen ist unter den Fischen der Malediven der Leoparden-Drückerfisch *(Balistoides conspicillum)* der ein wundervolles schwarzes Kleid mit großen weißen Flecken trägt. Der Titan dieser Familie ist der Grüne Riesen-Drückerfisch *(Balistoides viridescens),* der ohne zu zögern angreift, wenn sich jemand dem großen ringförmigen Nest annähert, wo er, das Männchen, die Eier hütet.

132 - Grüner Riesen-Drückerfisch *(Balistoides viridescens)*
133 - Blaubrust-Drückerfisch *(Sufflamen chrysopterus)*
134 - Blauer Drücker *(Pseudobalistes fuscus)*
135 - Boomerang-Drückerfisch *(Sufflamen bursa)*
136 - Rotzahn-Drücker *(Odonus niger)*
137 - Leoparden-Drückerfisch *(Balistoides conspicillum)*
138 - Gelbschwanz-Drücker *(Balistapus undulatus)*

137

138

Monacanthidae - Feilenfische

Riff - tagesaktiv - Einzelgänger/Gruppentiere - Allesfresser - 2/40 m

Die Monacanthidae sind mit den Drückerfischen verwandt, man erkennt sie leicht an einem stark entwickelten Dorn der ersten Rückenflosse, den der Fisch so wie die Drücker in vertikaler Position einrasten kann. Die Art *Aluterus scriptus* hat eine schöne Färbung mit blauen Streifen und kann einen Meter lang werden. Man findet ihn überall in den Tropen, in den Malediven allerdings nicht sehr häufig. Er ernährt sich von Hydrozoen, Seeanemonen, Gorgonien, Manteltieren und Algen, während die Palettenstachler (*Oxymonacanthus longirostris*) als Paare oder in kleinen Gruppen inmitten der Korallen leben, denn sie ernähren sich von den Polypen der Madrepora. Der Schwarzsattel-Feilenfisch (*Paraluteres prionurus*) ähnelt stark dem Sattel-Spitzkopfkugelfisch (*Canthigaster valentini*), dessen stark giftiges Fleisch alle Raubfische fern hält. Diese "Verkleidung" erfüllt ihren Zweck, auch er wird praktisch nie angegriffen.

139 - Palettenstachler (*Oxymonacanthus longirostris*)
140 - Schwarzsattel-Feilenfisch (*Paraluteres prionurus*)
141 - Schrift-Feilenfisch (*Aluterus scriptus*)

Pomacentridae - Riffbarsche - Anemonenfische

Riff - tagesaktiv - Einzelgänger/Gruppentiere - Pflanzenfresser/Allesfresser - 0/25 m

Die *Pomacentridae* geben dem Flachwasser der Tropen eine besonders lebhafte Note, denn sie umschwärmen die Steinkorallenformation in so dichten Wolken, daß man sie mit dem Berufsverkehr in Ballungszentren vergleichen könnte. Einige tropische Riffbarsche ähneln denen des Mittelmeeres, aber mit einer Farbigkeit, die wie bei *Chromis viridis* ins grünlich-bläuliche spielt. Andere Arten wie die Sergeants *(Abudefduf sp.)* sind etwas größer und von vertikalen Bändern überzogen. Die berühmtesten Vertreter dieser Familie sind sicherlich die Anemonenfische, vielleicht die meistfotografierten Fische der Tropen, nicht nur weil sie lebhaft gefärbt sind, sondern auch weil sie zwischen den nesselnden Tentakeln der Seeanemonen leben (siehe Kasten).

Die Ernährung der *Pomacentridae* ist sehr abwechslungsreich, einige ernähren sich von Plankton, andere sind Allesfresser und halten sich an Algen, kleine Invertebraten und tierisches Plankton. Die als Einzelgänger und an den Standort gebunden lebenden Arten sind sehr mutig, sie verteidigen ihre Gewässer hartnäckig, auch gegen wesentlich stärkere Eindringlinge.

142 - Clarks Anemonenfisch *(Amphiprion clarkii)*
143 - Indischer Preußenfisch *(Dascyllus carneus)*
144 - Malediven-Anemonenfisch *(Amphiprion nigripes)*

145

146

147

148

149

64

ANEMONENFISCHE

*E*inige Arten heißen auch Clownfische, weil ihre blendend weißen Streifen an die weiße Schminke der Clowne erinnern. Sie leben in engem Kontakt mit den nesselnden Seeanemonen, die andere Fische nicht annähern können, weil sie von deren starkem Gift betäubt oder getötet würden. Die Anemonenfische schützen sich mit einem dichten Schleim, so daß sie ohne Schaden zwischen den Tentakeln umherhuschen können. Ab und zu wagen sie Ausfälle, um die kleinen Lebewesen des Zooplanktons zu erhaschen, von denen sie sich ernähren. Als vorbildliche Untermieter halten sie im Ausgleich für den Schutz die Aktinien von allen Ablagerungen und organischen Resten frei. Dies ist ein typischer Fall von mutueller Symbiose, d. h. die beiden Lebewesen sind sich gegenseitig nützlich. Trotz ihres niedlichen Schnäuzchens sind die Anemonenfische ausgesprochen tollkühn, besonders wenn das Weibchen seine Eier am Fuß der Seeanemone abgelegt hat. In diesem Fall greifen die Männchen sogar Taucher an, die sie mit harmlosen kleinen Bissen zu verscheuchen suchen. Eine große Aktinie beherbergt in der Regel eine "Familie", die aus einem erwachsenen Paar und einigen Jungtieren besteht. Das größte und dominierende Tier ist das Weibchen. Wenn es stirbt, wechselt das größte erwachsene Männchen sein Geschlecht und übernimmt die Rolle des Weibchens. Das zweitgrößte Männchen erreicht dann möglichst schnell die Geschlechtsreife, um die Befruchtungsfunktion zu übernehmen.

145 - Ternate-Chromis
      (*Chromis ternatensis*)
146 - Dicks Riffbarsch
      (*Plectroglyphidodon dickii*)
147 - Dreibinden-Preußenfisch
      (*Dascyllus aruanus*)
148 - Junger Dreifleck-Preußenfisch
      (*Dascyllus trimaculatus*)
149 - Blaugrüner Chromis
      (*Chromis viridis*)
150 - Indischer Trauermantel
      (*Chromis dimidiata*)
151, 152, 154 - Malediven-Anemonenfisch (*Amphiprion nigripes*)
153 - Juwelen-Riffbarsch
      (*Plectroglyphidodon lacrimatus*)

Mullidae - Meerbarben

Riff - tagesaktiv - Gruppentiere - Fleischfresser - 0/20 m

Die Meerbarben erledigen ein großes Arbeitspensum, sie sind ständig dabei, im Grund zu wühlen, wobei ihre Schnauze im Sand steckt und eine Sandwolke aufsteigt, wo immer sie gerade wirken. Man erkennt sie an zwei großen Barteln unter dem Unterkiefer. Dort sind chemische Sensoren für die Speisesuche untergebracht, aber die Männchen benutzen sie auch bei der Werbung um das Weibchen, indem sie heftig mit den Barteln wedeln.

Die *Mullidae* sind allesamt Fleischfresser und ernähren sich von kleinen Wirbeltieren, die im Sand leben, aber ab und zu muß auch ein kleiner Fisch daran glauben. Während sie auf der Nahrungssuche sind, kann man sich ihnen leicht annähern, was nicht so gut gelingt, wenn sie bewegungslos am Grund ruhen. Nachts liegen sie schlafend auf dem Sand und dämpfen dafür, wie viele andere Fische, ihre lebhaften Farben.

155 - Strich-Punkt-Barbe *(Parupeneus barberinus)*
156 - Schwarzfleck-Barbe *(Parupeneus pleurostigma)*
157, 160 - Gelbflossen-Barbe *(Mulloides vanicolensis)*
158 - Doppelsattel-Barbe *(Parupeneus bifasciatus)*
159 - Gelbschwanz-Meerbarbe *(Parupeneus cyclostomus)*

158

159

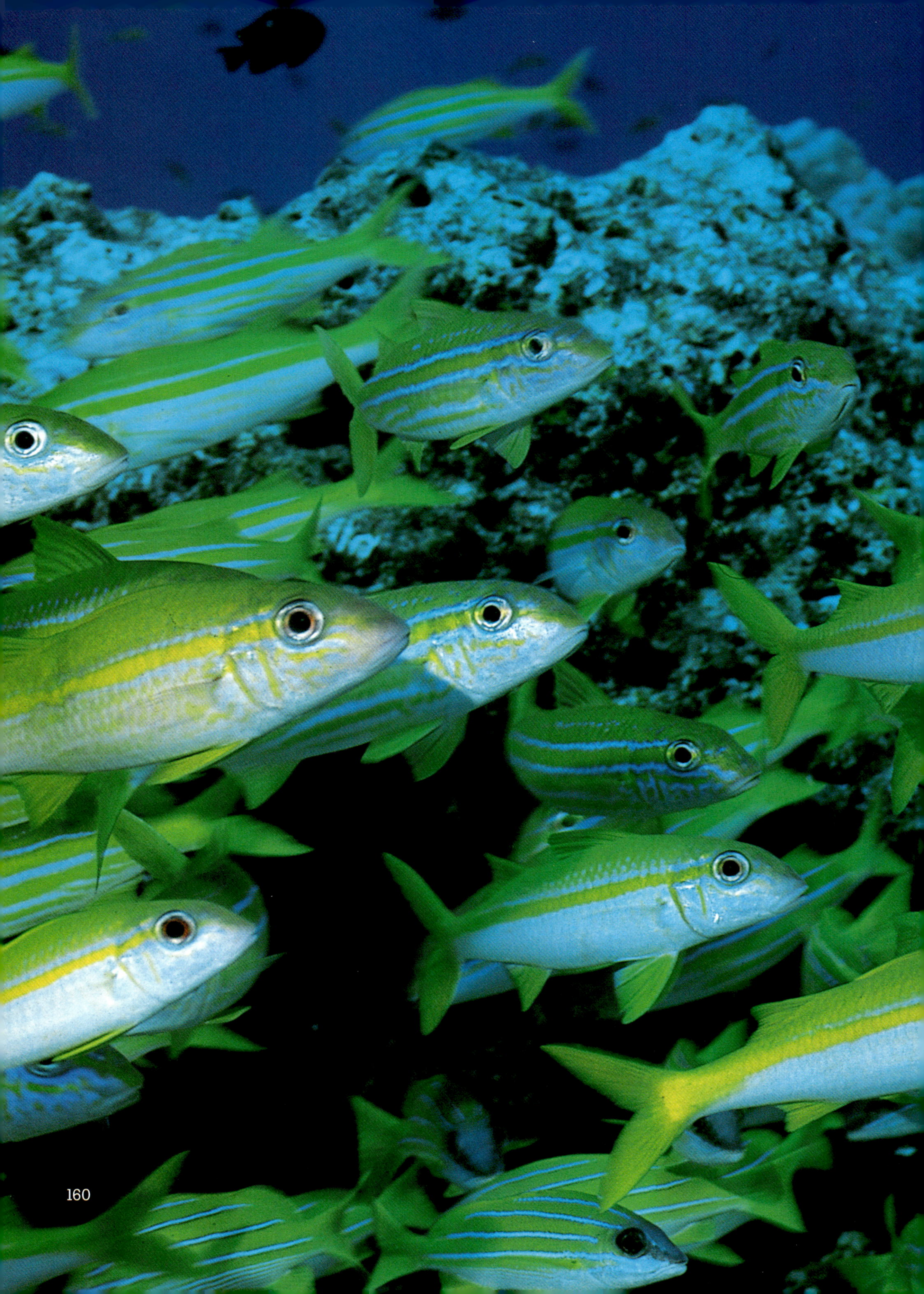

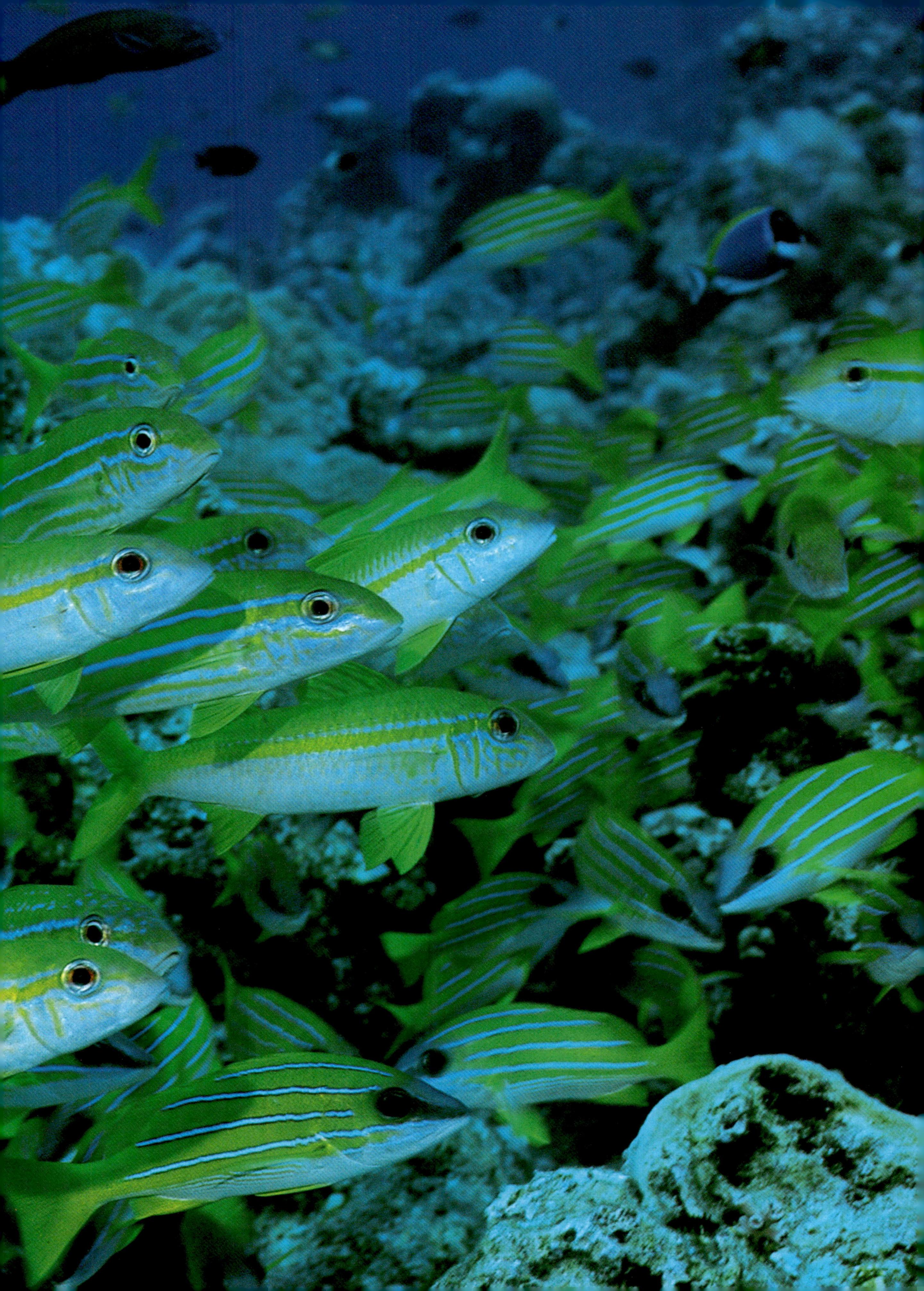

161 - Aurora-Wächtergrundel *(Amblyeleotris aurora)*
162 - Hectors Grundel *(Amblygobius hectori)*
163 - Steinitz Wächtergrundel *(Amblyeleotris steinitzi)*
164 - Mädchen Goby *(Valenciennea puellaris)*
165 - Decora-Grundel *(Istigobius decoratus)*
166 - *Fusigobius sp.*

Gobiidae - Grundeln

Riff - tagesaktiv - Einzelgänger/Gruppentiere - Fleischfresser - 2/30 m

Dies ist mit 800 über die Welt verstreuten Arten die größte Fischfamilie überhaupt.
Sie sind ziemlich unauffällig und oftmals sogar transparent. Sie liegen meistens auf dem Grund hingestreckt, in den sie ihre Höhlen graben. Dorthin ziehen sie sich beim kleinsten Anzeichen von Gefahr zurück. Einige Grundeln leben in Symbiose mit Garnelen der Familie *Alpheidae*, mit denen sie den Schlupfwinkel teilen. Diese mutuelle Symbiose besteht darin, daß die Krebse die Höhlen graben und wie eine "Planierraupe" ständig sauber halten. Die Grundeln bewachen dafür den Eingang, weil die Garnelen fast blind sind. Um Informationen zu erhalten, betasten sie unablässig den Körper der Grundeln, die ihnen Botschaften übermitteln wie "alles ruhig" oder "Gefahr im Verzug".

Microdesmidae - Pfeilgrundeln

Riff - tagesaktiv - Gruppentiere - Fleischfresser - 5/50 m

Diese Fische sind wenige Zentimeter lang und tragen die Rückenflossen symmetrisch zu den Bauchflossen, so daß sie einem kleinen Pfeil ähneln. Die Gattung *Nemateleotris* hat den ersten Dorn der Rückenflosse enorm lang ausgebildet, was diesen kleinen Fischen eine ausgefallene Gestalt verleiht. Sie werden sehr häufig fotografiert, auch wegen ihrer prächtigen Farben. Sie leben als Paare und fliehen bei Anzeichen von Gefahr mit blitzartigen Bewegungen in die in den Sand gegrabenen Höhlen. Größere Ausmaße und eine länglichere Form hat *Ptereleotris evides*, der in der Jugend in kleinen Gruppen auftritt und ausgewachsen nur noch paarweise lebt. Alle Pfeilgrundeln ernähren sich von jenen kleinen Organismen, aus denen sich das Zooplankton zusammensetzt.

167 - Dekor-Schwertgrundel (*Nemateleotris decora*)
168 - Scherenschwanz-Torpedogrundel
    (*Ptereleotris evides*)
169 - Feuer-Schwertgrundel (*Nemateleotris magnifica*)

Blenniidae - Schleimfische

Riff - tagesaktiv - Einzelgänger - Pflanzenfresser/Fleischfresser - 2/30 m

Diese Fische haben eine schlanke Form und eine lange, ununterbrochene Rückenflosse. Sie leben im Flachwasser der Korallenbarriere und am äußeren Abhang derselben. Trotz ihres friedlichen Äußeren sind sie ziemlich aggressiv und verteidigen ihr Gewässer gegen jeden Eindringling, auch von erheblich größeren Ausmaßen. Oft sieht man sie in kleinen Löchern der Madrepora versteckt, nur das sympathische Köpfchen ragt hervor. Einige von ihnen sind großartige Imitationskünstler, z. B. der Mimikry-Säbelzahnschleimfisch *(Aspidontus taeniatus)* ähnelt stark dem Putzerlippfisch und ahmt sogar dessen Schwimmstil nach, so daß es ihm gelingt, das Vertrauen von Fischen zu gewinnen, die eine Reinigung brauchen. Doch er beißt diesen glaubseligen "Kunden" dann ein Stück Haut ab. Geschickte "Fälscher" sind auch die Vertreter der Gattung *Plagiotremus*, deren Kleid stark dem anderer Schleimfische ähnelt oder den Jungtieren des Putzerlippfisches.

170 - Längsstreifen-Kammzähner *(Ecsenius lineatus)*
171 - Aggressiver Säbelzahnschleimfisch *(Plagiotremus phenax)*
172 - Blaustreifen-Säbelzahnschleimfisch *(Plagiotremus rhinorhynchos)*
173 - Smiths Säbelzahnschleimfisch *(Meiacanthus smithi)*
174 - *Plagiotremus sp.*

Scorpaenidae - Skorpionsfische

Grundfische - Einzelgänger - tagesaktiv/nachtaktiv - Fleischfresser - 2/30 m

Diese sehr seßhaften Fische erlangten wegen ihrer Giftigkeit traurige Berühmtheit. Sie sind alle gefräßige Raubfische, die plötzlich emporschnellen und ihre Beute mit Haut und Haar verschlingen, indem sie ihr Maul weit aufreißen. Einige Arten sind dagegen fast schwerelos wie die Feuerfische *(Pterois)*, die wie gefiederte Schmetterlinge aussehen und wahrscheinlich mittels ihres auffallenden Äußeren eventuelle Beutejäger daran erinnern, daß sie sehr giftig sind. Andere, wie die massigen *Scorpaenopsis diabolus* und *S. oxycephala* und der schreckliche Steinfisch, nutzen ihre unglaublichen Tarnkünste, um die Beutetiere zu täuschen. Sie passen sich ihrer Umgebung derartig geschickt an, daß man sie auch nach einer genauen Untersuchung des Riffs nicht bemerkt. Sie ziehen flaches Wasser vor und sind deshalb eine große Gefahr für Badende, die ihre Füße auf sie setzen und dann von den Giftstacheln gestochen werden. Die Folge sind unerträgliche Schmerzen, Schwellungen, Atembeschwerden und in einigen Fällen sogar der Tod. Der giftigste von allen ist der Echte Steinfisch *(Synaceia verrucosa)*, der ausgerechnet auch die vollendetste Tarnung erreicht.

175 - Strahlen-Feuerfisch *(Pterois radiata)*
176 - Fransen-Drachenkopf *(Scorpaenopsis oxycephala)*

178, 181 - Indischer Rotfeuerfisch *(Pterois miles)*
179, 182 - Antennen-Feuerfisch *(Pterois antennata)*
177 - Schaukelfisch *(Taenionotus triacanthus)*
180 - Echter Steinfisch *(Synanceia verrucosa)*

181

182

Antennariidae - Anglerfische

Riff - nachtaktiv - Einzelgänger - Fleischfresser - 0/30 m

Sie ähneln den Skorpionsfischen, sind jedoch für den Menschen vollkommen harmlos, da sie keine Giftstachel besitzen. Auch sie sind große Tarnkünstler, weil sie sich jedem Untergrund anpassen können. Wenn man ihren unförmigen Körper endlich identifiziert hat, wird man mit Erstaunen feststellen, daß sie mit ihren Brustflossen auf dem Grund "laufen". Der erste Dorn der Rückenflosse hat die Form einer Angel mit Köder, die der Anglerfisch bewegt, um Beutetiere anzulocken. Oftmals gelingt der Betrug und der sich neugierig annähernde Fisch endet unweigerlich in seinem riesigen Schlund. Die Anglerfische können sogar Fische verschlingen, die länger sind als sie selbst. Man sieht sie relativ selten, vor allem wegen der Schwierigkeit sie auf dem Riff auszumachen, wenn sie dort unbeweglich verharren.

183, 184, 185, 186 - Anglerfisch *(Antennarius sp.)*

186

Synodontidae - Eidechsenfische

Grundfische - tagesaktiv - Einzelgänger - Fleischfresser - 3/20 m

Der lange schlanke Körper und der Kopf mit großem Maul erinnern an Eidechsen, daher der Name. Sie liegen meistens völlig unbeweglich auf dem sandigen Meeresgrund und auf dem Riff, ihr Tarnkleid nutzend. Manchmal wühlen sie sich in den Sand und nur die Augen lugen hervor, so daß sie noch schwerer zu erkennen sind. Wenn sich eine Beute annähert, schnellen sie empor und fassen sie mit ihren spitzen langen Zähnen. Sie ernähren sich auch von Tieren der gleichen Art, dieser "Kannibalismus" ist bei vielen Beutefängern verbreitet.

187 - Riff-Eidechsenfisch *(Synodus variegatus)*
188 - Marmorierter Eidechsenfisch *(Saurida gracilis)*
189 - *Synodus sp.*

Syngnathidae - Seenadeln

Riff - tagesaktiv - Einzelgänger - Fleischfresser - 0/30 m

Der Name bezieht sich auf den extrem schlanken Körper, der vorne in einem rohrförmigen Schnäuzchen endet, so daß dieser Fisch wie eine kleine Schlange aussieht. Den in der Regel höchstens 15-20 cm langen Leib verstärkt eine Reihe von Knochenscheiben. Die Seenadeln ernähren sich von winzigen Krebstieren, die sie zusammen mit dem Wasser durch ihren kleinen Rüssel ansaugen. Die von dem Weibchen gelegten Eier brütet das Männchen in einer speziellen Bauchtasche aus.

190, 191, 192 - Schultz Seenadel *(Corythoichthys schultzi)*

Holocentridae - Soldatenfische, Husarenfische

Riff - nachtaktiv - Fleischfresser - mit Atemgerät - 10/50 m

Wenn man sich an die Grotten annähert, die an der Außenseite des Riffs liegen, trifft man fast immer auf schöne rote Fische, die in der Dunkelheit aufleuchten. Das sind die Soldatenfische mit ihrer lebhaften, orangeroten Färbung und den großen Augen, die dafür sprechen, daß sie nachtaktiv sind. Sie verbringen den Tag an Stellen, die vor zu starkem Licht geschützt sind und nutzen die Nacht, um die von ihnen bevorzugten Krebstiere zu jagen. Der größte Fisch der Familie ist der Großdorn-Husar (Sargocentron spiniferum), der 45 cm lang werden kann und vor dem Kiemendeckel einen Knochendorn trägt. Er lebt als Einzelgänger oder in Gruppen von 5 bis 10 Fischen in den tiefen Riffhöhlungen und scheint den Taucher nicht zu fürchten, sondern betrachtet ihn neugierig mit seinen großen runden Augen. Die Soldatenfische (Myripristis sp.) sind etwas kleiner und bilden in den dunkelsten Schlupfwinkeln der Grotten dichte Fischbänke.

193 - Blutfleck-Husar (*Neoniphon sammara*)
194, 198 - Großdorn-Husar (*Sargocentron spiniferum*)
195 - Schwarzflossen-Husar (*Neoniphon opercularis*)
196 - Violetter Soldatenfisch (*Myripristis violacea*)
197 - Schwarzbinden-Soldatenfisch (*Myripristis adusta*)
199 - Gefleckter Soldatenfisch (*Myripristis murdjan*)
200 - Teufels-Soldatenfisch (*Myripristis vittata*)
201 - *Sargocentron caudimaculatum*
202 - Diadem-Husar (*Sargocentron diadema*)

198

199

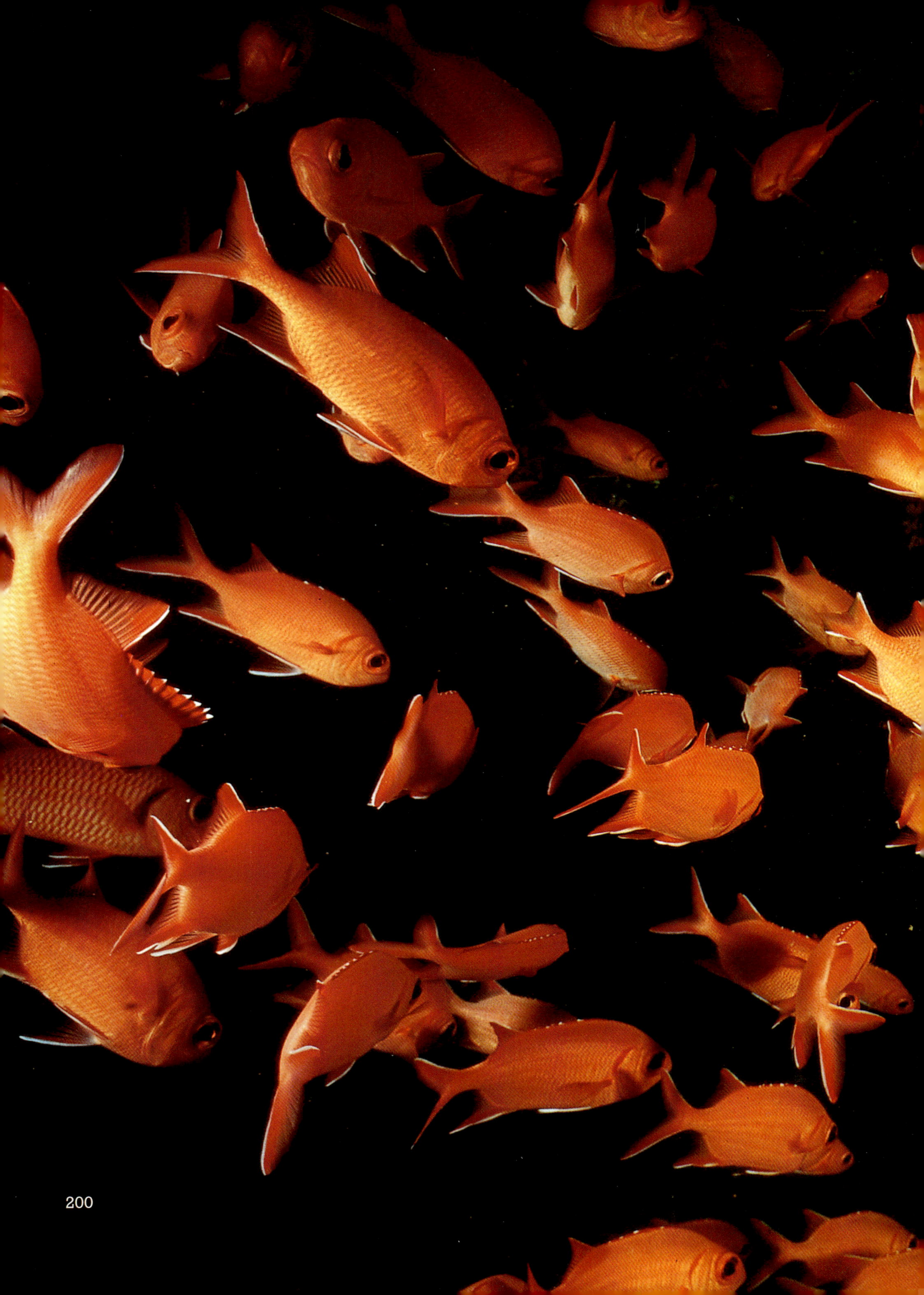

201

202

Priacanthidae - Großaugenbarsche

Riff - nachtaktiv - Fleischfresser - nur mit Atemgerät - 10/50 m

Diese Fische ähneln in ihrer Form, in der Farbigkeit und in der nächtlichen Lebensweise sehr den *Holocentridae*, gehören aber einer ganz anderen Familie an. Manchmal verlassen sie die Höhlungen, in denen sie tagsüber verweilen und vereinigen sich zu Schwärmen, die aus mehreren Dutzend Tieren bestehen können. Sie ernähren sich vor allem von Plankton aus Krebstier- und Fischlarven. Sie können verblüffend schnell ihre Farbe wechseln, in wenigen Augenblicken wird aus einem leuchtenden Rot ein grau-silbriger Ton mit roten Anklängen. Die Großaugenbarsche leben im gesamten Indischen Ozean und kürzlich sind Exemplare von *Priacanthus hamrur* vor der tunesischen Küste gefunden worden, - wahrscheinlich wanderten sie durch den Suezkanal ein.

203, 204, 205 - Riff-Großaugenbarsch (*Priacanthus hamrur*)
206 - Tiger-Kardinal (*Cheilodipterus macrodon*)
207 - Wolfs-Kardinal (*Cheilodipterus artus*)
208 - Fünflinien-Kardinal (*Cheilodipterus quinquelineatus*)

Apogonidae - Kardinalfische

Riff - nachtaktiv - Einzelgänger/Gruppentiere - Fleischfresser - 5/50 m

Die Form der Kardinalfische ist unverwechselbar, sie haben einen dicken Kopf, zwei getrennte Rückenflossen, große runde Augen und ein für die Größe des Fisches überdimensioniertes Maul. Als ausgesprochene Nachttiere ziehen sie sich tagsüber in die Höhlungen und Spalten des Riffs zurück, wo sie vor dem Sonnenlicht geschützt sind. Nächtens jagen sie vor allem kleine Krebse und tierisches Plankton. Einige Arten haben ein beeindruckendes Gebiß, wie z. B. der *Cheilodipterus macrodon*, dessen Zähne aggressiv aus den Kiefern hervorspringen. Viele Kardinalfische sind Einzelgänger, andere ziehen als Paare oder in kleinen Gruppen umher, aber es gibt auch kleine und halbtransparente Arten, die über der Korallenbank riesige Schwärme bilden. Unter den Kardinalfischen gibt es Männchen, die sich sehr wirksam um den Schutz der Eier kümmern. Sie sammeln die Eier bis zum Ausschlüpfen in ihrem großen Maul und während dieser Zeit verzichten sie natürlich darauf, sich zu ernähren. Es kommt vor, daß man männliche Fische sieht, die das Maul leicht geöffnet halten, damit Sauerstoff an die Eier dringen kann.

Cirrithidae - Korallenwächter oder Büschelbarsche

Riff - tagesaktiv - Einzelgänger - Fleischfresser - 2/40 m

Wegen ihrer Unbeweglichkeit sind die Büschelbarsche ein einfaches Motiv für den Unterwasserfotografen, in aller Ruhe kann er sich annähern, den Ausschnitt wählen und scharf stellen. Die Angehörigen dieser kleinen Fischfamilie liegen die meiste Zeit auf dem Riff, wo sie darauf warten, daß jene kleinen Fische oder Krebse in ihre Nähe kommen, von denen sie sich bevorzugt ernähren. *Paracirrhites arcatus* und *P. forsteri* lauern auf der Madrepora, während der schlanke Langnasenbüschelbarsch *(Oxycirrhites typus)* die Gorgonien erwählt hat, wo er sich wegen seines roten Netzmusters gut tarnen kann. Auch in dieser Familie kommt es zum Geschlechtswechsel, zunächst sind sie alle Weibchen und dann eventuell Männchen. Die Vertreter des starken Geschlechts sind eng an ihr Gewässer gebunden und halten sich einen kleinen Harem von Weibchen.

209, 213 - Monokel-Korallenwächter
(*Paracirrhites arcatus*)
210 - Langnasen-Büschelbarsch *(Oxycirrhites typus)*
211 - Feen-Büschelbarsch *(Cyrrhitichtys oxycephalus)*
212 - Fosters Büschelbarsch *(Paracirrhites forsteri)*

Ostraciidae - Kofferfische

Riff - tagesaktiv - Einzelgänger - Allesfresser - 5/25 m

Bei den Kofferfischen haben sich die Schuppen in sechseckige oder vieleckige Knochenplatten verwandelt, die fest miteinander verbunden sind und einen regelrechten Panzer bilden, aus dem Flossen und Schwanz hervorragen. Ihre Form begünstigt nicht die Fortgewegung, sie schwimmen langsam und benutzen im allgemeinen nur die Rückenflossen, die Schwanzflosse dient ihnen, wenn sie schnell flüchten müssen. Die Brustflossen verwenden sie dagegen für seitliche Bewegungen und Drehungen, in denen sie einem Helikopter ebenbürtig sind. Sie ernähren sich von einer großen Anzahl von Algen, Schwämmen, Würmern, Muscheln und Seeigeln, die sie mit ihren kräftigen Zähnen zermalmen, nachdem sie sie mit mächtigen Wasserstrahlen umgedreht haben. Einige Arten können einen giftigen Schleim absondern, wenn sie in eine angespannte Situation kommen. Das Gift (Ostracitoxin) zerstört die roten Blutkörper und kann auf andere Fische tödlich wirken, aber auch auf den Kofferfisch, wenn er sich in einem allzu engen Zwischenraum mit wenig Wasser befindet.

214, 215 - Eckiger Kofferfisch, Jungtier
   (Ostracion cubicus)

216, 217, 219 - Eckiger Kofferfisch, Adult
(Ostracion cubicus)
218 - Weißpunkt-Kofferfisch (Ostracion meleagris)

Tetraodontidae - Kugelfische

Riff - tagesaktiv - Einzelgänger - Allesfresser - 5/25 m

Die Kugelfische besitzen normalerweise eine längliche Form, aber wenn sie sich bedroht fühlen, können sie mittels eines Divertikels in der Bauchzone des Magens schnell Wasser aufnehmen, so daß sich ihr Körper stark vergrößert und die typische Kugelform annimmt. Diese Maßnahme ist jedoch für das Tier sehr belastend und man sollte es vermeiden, es nur zum Spaß oder um eine Foto zu schießen zum "Aufblasen" zu bringen. Die Kugelfische erzeugen ein starkes Gift, das in ihrem Blut und in einigen Organen vorhanden ist und auch für den Menschen tödlich sein kann. Gerade wegen dieses hohen Risikos gelten sie als eine kulinarische Herausforderung und werden in orientalischen Ländern nach einem komplizierten Rezept zu dem berühmten Fugu verarbeitet, das jedes Jahr eine gewisse Anzahl von Todesfällen fordert.

220 - Mappa-Kugelfisch (*Arothron mappa*)
221 - Sternen-Kugelfisch (*Arothron meleagris*)
222 - Sattel-Spitzkopfkugelfisch (*Canthigaster valentini*)

223, 226 - Tylers Spitzkopfkugelfisch (*Canthigaster tyleri*)
224 - Riesen-Kugelfisch (*Arothron stellatus*)
225 - Bennetts Spitzkopfkugelfisch (*Canthigaster bennetti*)

Diodontidae - Igelfische

Riff - nachtaktiv - Einzelgänger - Fleischfresser - 5/25 m

Auch die Igelfische können sich wie die Kugelfische aufblasen, indem sie große Mengen Wasser schlucken. Sie verfügen aber zusätzlich noch über eine zweite Waffe: Ihr gesamter Körper ist mit spitzen Stacheln überzogen, die normalerweise nicht stark hervortreten, aber senkrecht vom Körper wegstarren, wenn sich der Fisch aufpumpt. Nur wenige Raubfische wagen es, ein so gut geschütztes Opfer anzugreifen, doch einige von ihnen scheinen darauf keineswegs zu achten; beispielsweise der Tigerhai wird immer wieder mit Igelfischen im Magen gefunden. Mit ihren zu kräftigen Knochenplatten ausgebildeten Zähne können die Igelfische Muschelschalen und Krebspanzer zermalmen und sie werden auch mit den Seeigeln fertig, die zu ihrem normalen Speisezettel gehören. Die meisten Arten sind nachtaktiv und verbergen sich tagsüber in Höhlen und Spalten.

227 - Masken-Igelfisch *(Diodon liturosus)*
228 - Gepunkteter Igelfisch *(Diodon hystrix)*

229

230

PORIFERA - SCHWÄMME

Für den Neuling ist es schwer vorstellbar, daß es Schwämme gibt, die sich in Form und Konsistenz von denen unterscheiden, die man normalerweise benutzt, um sich zu waschen. Die Badeschwämme bilden aber nur eine kleine Gruppe innerhalb der etwa 10.000 Arten, die im Meer leben. Manchmal ähneln sie kleinen verkrusteten Klingen oder einem Kandelaber, einer Schüssel, einem Rüssel oder bilden eine unförmige Masse. Sie unter Wasser zu klassifizieren, ist nicht einfach, denn oftmals ergibt sich die Identifikation erst unter dem Mikroskop, an dem die Kalk- oder Kieselnadeln (die Skleren) untersucht werden, aus denen sich ihr Skelett aufbaut. Die hier abgebildeten Schwämme kann man mit Leichtigkeit auf den Malediven finden, sie gehören alle zu den *Demospongiae*, d. h. Schwämme mit Kieselnadeln in einer Schwammstruktur aus Sponginfasern. Um sich zu ernähren, lassen die Schwämme das Wasser durch kleine Poren ins Innere dringen, um kleinste, für sie nahrhafte Partikel zurückzuhalten.

229 - *Xestospongia exigua*
230 - Orangener Schwamm
231 - Schwamm
232 - *Leucetta chagosensis*
233 - Schwämm (*Poecilscleridae*)

CNIDARIA - NESSELTIERE

Zu diesem Stamm gehören jene zahllosen Tiere, deren Grundform der Polyp ist, also kleine, kelchförmige Lebewesen mit festsitzendem Fuß; ihr oberes, mundförmiges Ende ist von einem Kranz nesselnder Tentakeln umgeben. Diese Polypen gibt es einzeln, wie bei den Aktinien, oder als große Kolonien. Der Polyp kann auch die Form einer Meduse annehmen, die frei im Wasser treibt oder die beiden Erscheinungsformen entstehen im Wechsel, der ungeschlechtliche, festsitzende Polyp bringt eine Meduse oder Qualle hervor, die geschlechtliche Meduse erzeugt wiederum einen Polypen.

234 - Platten-Feuerkoralle *(Millepora platyphylla)*
235, 236 - Philippinenmoos *(Lytocarpus philippinus)*
237 - *Distichopora violacea*
238 - *Distichopora sp.*
239 - Netz-Feuerkoralle *(Millepora dichotoma)*

Hydrozoa

In den Malediven sind die Hydrozoen weit verbreitet, die bekannteste, harte Form ist die "Feuerkoralle", die an vielen Stellen zusammen mit der Madrepora das Korallenriff aufgebaut hat.
Zwei sind die wichtigsten Arten, *Millepora dichotoma* wächst astförmig, ist braungelblich gefärbt und hat weiße Spitzen, *Millepora platyphylla* bildet dagegen eine gewellte, vertikale Struktur mit weißlichem oberem Rand. Beide Arten werden mit der Madrepora verwechselt, sind aber in Wirklichkeit Hydrozoen mit stark nesselnden Zellen, die bei Hautkontakt schmerzhafte "Verbrennungen" verursachen. Eine andere Art kann man in den Vertiefungen und Spalten finden, meist dort, wo heftiger Wellengang herscht, vor allem an den nördlichen Inseln. Es handelt sich um die wunderschöne *Distichopora violacea*, die kleine Kolonien von einem intensiven blauviolett oder rosa-orange bildet; auch ihre Spitzen sind weißlich.
Ein ganz anderes Erscheinungsbild haben dagegen die Seefedern, die biegsamen, federförmigen Pflänzchen ähneln und ebenfalls unangenehm nesseln. Die bekannteste Art der Malediven nennt sich *Lytocarpus philippinus*.

237

238

239

Scyphozoen (Schirmquallen)

Die Schirmquallen zählen bei den Badeurlaubern und Tauchern zu den ungeliebtesten Meerestieren, weil einige Arten sehr stark nesseln. Doch nur wenige Arten "verbrennen" den Menschen, in Wirklichkeit handelt es sich um wunderschöne, zarte Lebewesen, mit einem hochkomplizierten Mechanismus zur Nahrungssuche. Sie schwimmen mit den Meeresströmungen, durch das rhythmische Zusammenziehen ihres Schirmes erzeugen sie nur eine geringe Fortbewegung. Einige Schirmquallen sind wie kleine Fischerboote mit langen dünnen Bändern behängt, an denen Nesselzellen (Nematocysten) sitzen. Beim leichtesten Kontakt mit diesen Fäden wird das lähmende Gift versprizt und die davon betäubten Planktonorganismen und kleinen Fische, die an der Oberfläche schwimmen, fallen der Qualle zum Opfer. Weit verbreitet in den Malediven ist die Ohrenqualle (*Aurelia aurita*), eine für den Menschen ungefährliche Art, mit einem ziemlich flachen Schirm. Zuweilen bieten diese Quallen ein eindrucksvolles Schauspiel, wenn sie in großen Mengen auftreten. Besonders eigentümlich ist die *Cassiopea andromeda*, die Qualle "mit dem Kopf nach unten", deren Schirm zum Meeresgrund gerichtet ist, während die Tentakeln darüber fluktuieren. Auf flachem Sandgrund ist sie leicht auszumachen, wo sie schnell zu einem schmackhaften Bissen für die Seeschildkröte wird.

240 - Andromeda-Qualle (*Cassiopea andromeda*)
241 - Ohrenqualle (*Aurelia aurita*)

242

Anthozoa - *Octocorallia*

Alle Arten dieser Klasse besitzen acht Tentakeln und bilden immer Kolonien.

GORGONIEN

Die Gorgonien bilden Baum-, Büschel- und Fächerformationen, die zuweilen erstaunliche Ausmaße annehmen. Sie wachsen in lotrechter Stellung zur Strömung, damit die kleinen Polypen so viel Plankton wie nur irgend möglich einfangen können. Deshalb kann man Gorgonien ausmachen, die bestimmte Höhlen oder Gänge fast vollständig verschließen, weil dort Strömung herrscht. Auf den Außenwänden des Korallenriffs erheben sie sich vertikal wie große Hände, dem offenen Meere zugewandt. Wegen ihrer baumartigen Form und den lebhaften Farben sind sie für die Taucher sehr attraktiv. Ihr Skelett, von einigen Ausnahmen abgesehen, ist ganz und gar aus Horn und bewahrt eine gewisse Elastizität.

Die große Gorgonie Hicksons Riesenfächer *(Subergorgia mollis)* erreicht die größten Ausmaße mit einer Spannweite von über zwei Metern. Sie wächst dort wo die Strömung ziemlich stark ist und bietet ihrerseits den Haarsternen und einigen Muscheln Halt.

Ausgefallen ist die Form der *Junceella*, eine fadenförmige Gorgonie, die auf dem Grund wächst, im allgemeinen auf hartem Untergrund oder auf dem Sandboden der Grotten. Das obere Ende der "Peitsche" ist leicht gebogen und wenn man sie mit einem Scheinwerfer anleuchtet, erkennt man, daß sie leuchtend rot ist.

243

243 - Gorgonie
242 - Gorgonie
244 - Gorgonie *(Melithaea sp.)*

244

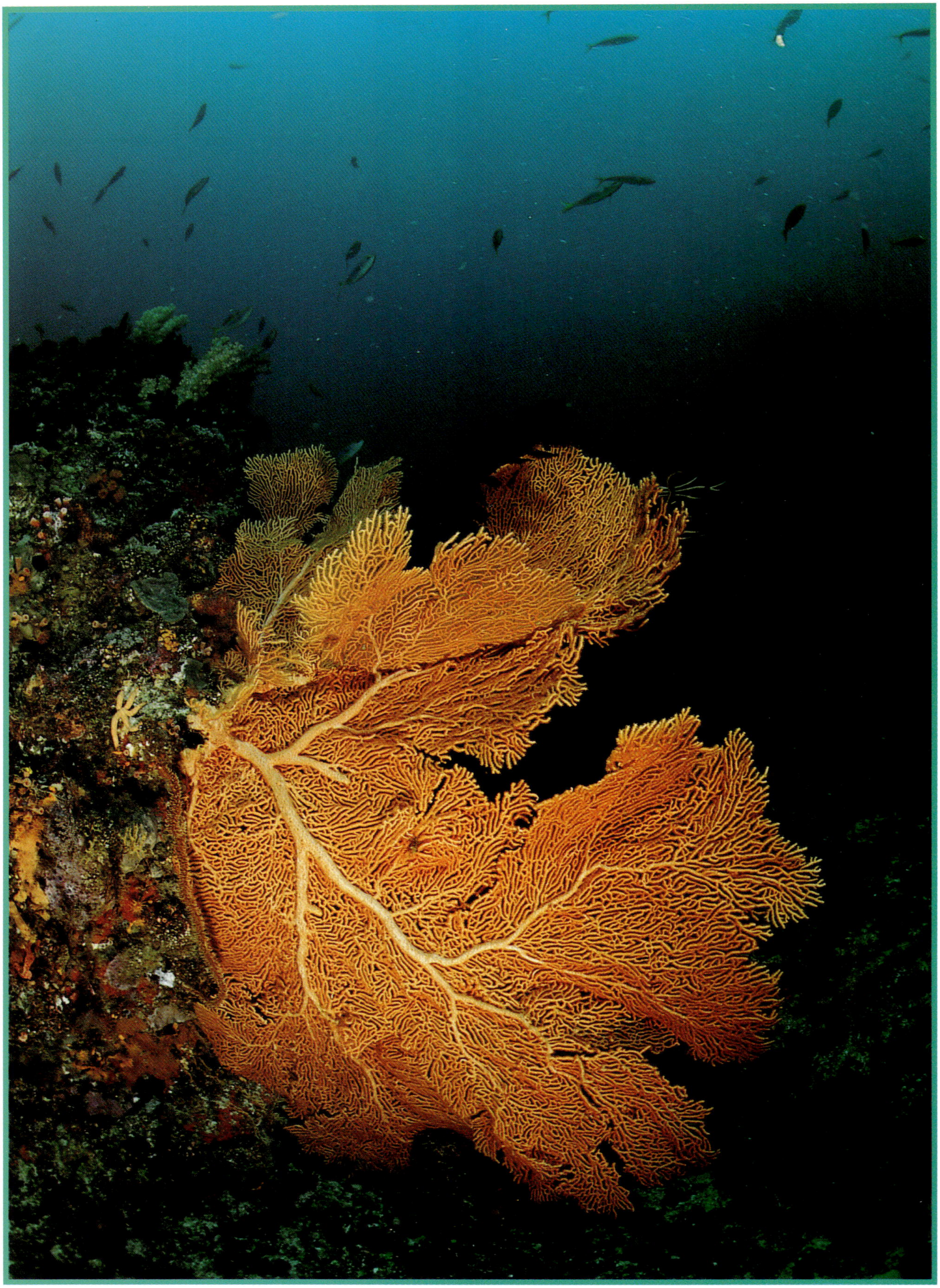

245

246

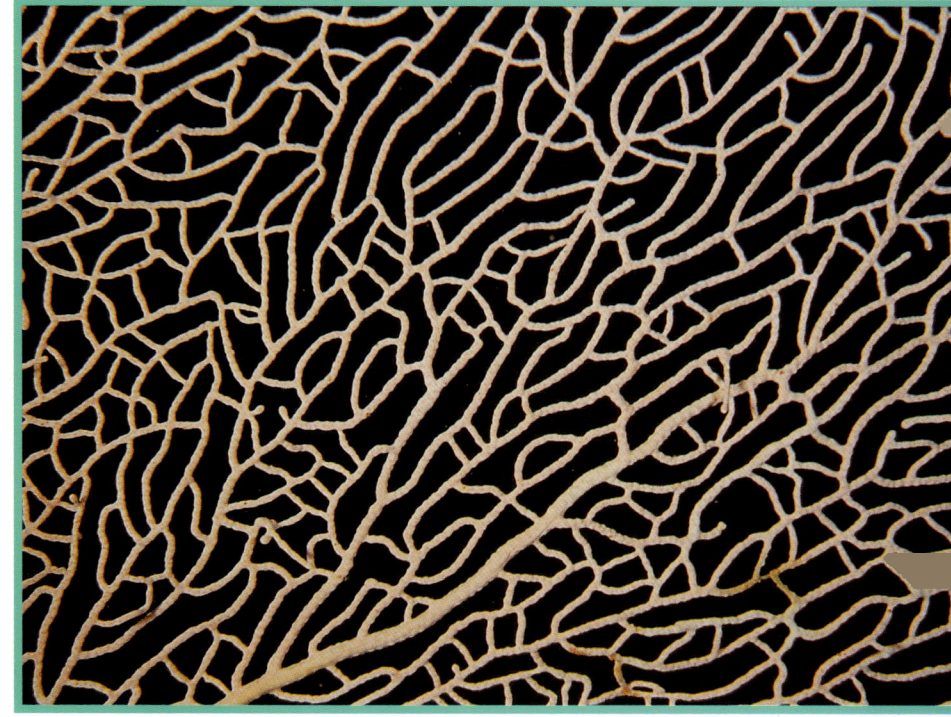

245, 247, 248 - Hicksons Riesenfächer
  (*Subergorgia mollis*)
246 - *Junceella rubra*
249 - Gorgonie
250 - Gorgonie
251 - Gorgonie (*Euplexaura sp.*)
252 - Gorgonie (*Melithaea sp.*)

247

248

249

250

251 252

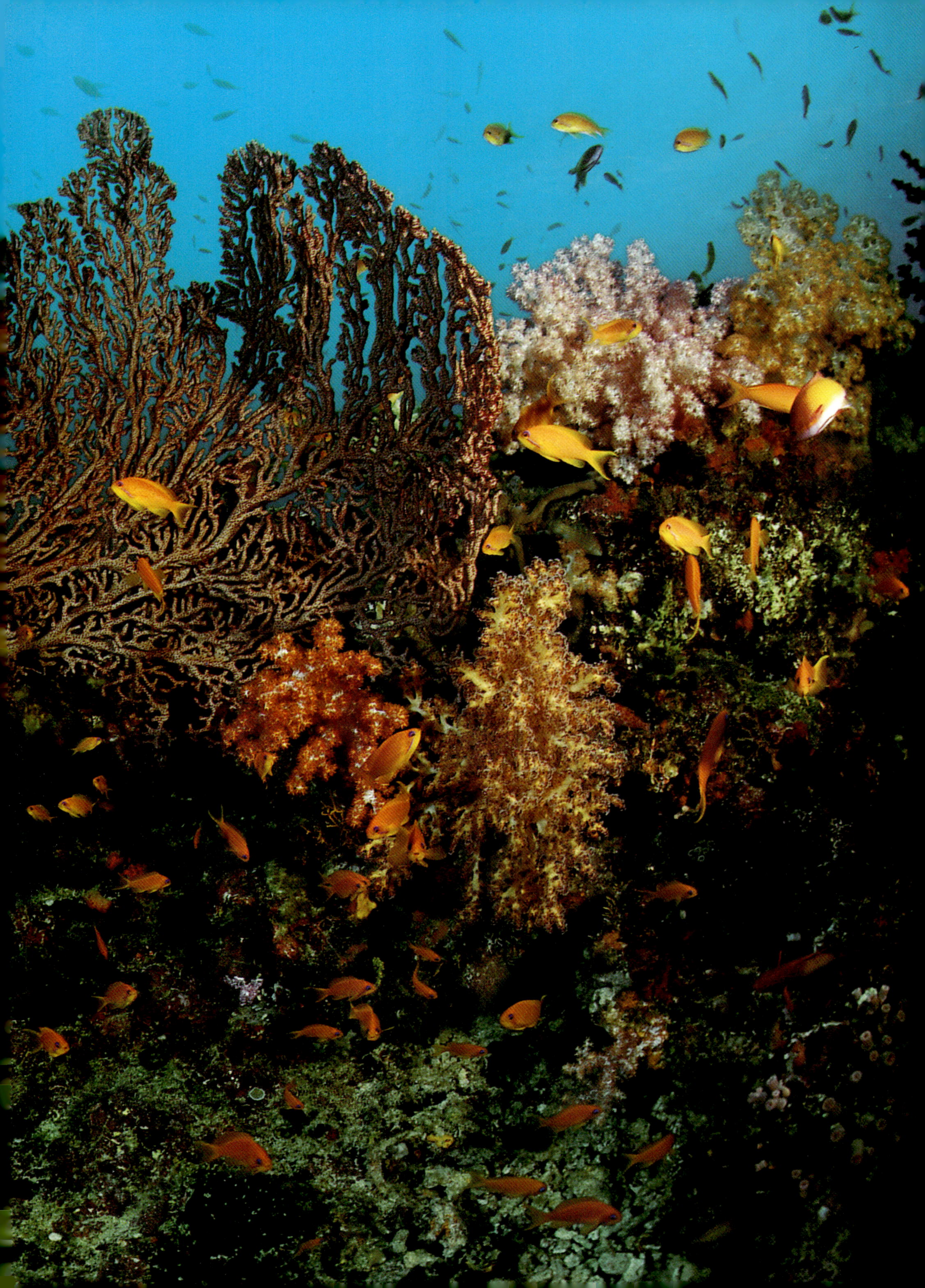

ALCYONACEA-LEDERKORALLEN ODER WEICHKORALLEN

Zu den Lebewesen, die einen Taucher im tropischen Meer mit am meisten beeindrucken, zählen die Lederkorallen, die in einigen Gewässern mit der Madrepora wetteifern und große Teile des Korallenriffs bedecken.

Sie besitzen keine harte Steinstruktur, die Polypen werden von einer fleischigen Masse getragen, in der manchmal Kalknadeln zu erkennen sind. Die einzelnen Familien haben ein so verschiedenartiges Aussehen, daß es schwerfällt zu glauben, sie seien eng miteinander verwandt. Es gibt schlanke Arten zerbrechlich wie eine Blume, Tiere die aus Gummi zu sein scheinen und gleichförmig grau eingefärbt sind. Die Polypen haben acht kleine Tentakeln *(Octocorallia)* und ernähren sich von dem Plankton, das die Strömung vorbeitreibt. Die Tentakeln können in die fleischige Masse eingezogen werden (oder auch nicht), die die Struktur der Kolonie bildet.

Die meistbewunderten und meistfotografierten Lederkorallen sind die verschiedenen Arten der *Dendronephtya* und der *Scleronephthya*. Sie haben Zweigform und einen durchscheinenden Körper, in dem man sehr gut die Kalknadeln erkennt. Die Farbigkeit reicht von rosa zu dunkelrot, von gelb bis blau, von orange bis violett und in einigen Tauchgebieten sind die Gewölbe der Höhlen mit Korallen geschmückt, in denen eine einzige Frabe vorherrscht, gelb, blau und rosa.

Von ähnlicher Form aber nicht durchscheinend und von weißgelblicher Einheitsfarbe ist die Brokkoli-Koralle *(Lithophyton arboreum)*, in den Malediven besonders häufig.

Einem graugrünen Schwamm ähnelt *Sarcophyton*, der weißlich wird, wenn die Polypen ihre kleine Tentakelkrone ausfahren.

253

254

255

256

257

258

259

260

261

253, 254, 257, 260 - *Sarcophyton sp.*
255 - *Sinularia sp.*
256 - Lederkorallen oder Weichkorallen
258 - Lederkorallen oder Weichkorallen
259, 261, 262 - Lederkorallen (*Dendronephthya sp*).

262

Anthozoa - *Hexacorallia*

Das wichtigste Merkmal dieser Unterklasse sind Polypen mit sechs Tentakeln oder eine Vielzahl von sechs. Es gibt einzelstehende Formen und Kolonien

MADREPORA

Die Madrepora oder Steinkorallen sind das wichtigste Element des Korallenbaus, sie bestehen in der Mehrzahl aus Kolonien bildenden Tieren, deren Polypen mit sechs oder einer Vielzahl von sechs Tentakeln versehen sind, wovon man sich durch eine Kontrolle leicht überzeugen kann. Jeder Polyp sondert Kalziumkarbonat ab, das die Struktur der Kolonie anwachsen und verstärken hilft. Die Polypen ernähren sich von tierischem Plankton und von Zooxanthellen oder Geißelalgen, die in Symbiose mit den Madrepora leben, hauptsächliche Verursacher der wunderschönen Färbung, die man fälschlicherweise den Madrepora selbst zuschreibt.

Ihre Gestalten und Dimensionen sind von einem unvorstellbaren Reichtum, sie ähneln vielfach verzweigten Ästen, Türmen und Monolythen, felsenartigen Anhäufungen von Kugeln, schlangenförmig verwickelten Labyrinthen, weitgeschwungenen schirmförmigen Dächern und noch vielen anderen Formen. Die Madrepora bieten einem Großteil der Fauna des Korallenriffs mit ihren verzweigten und dennoch starren Strukturen sichere Zuflucht vor Raubfischen.

Zu den vielfältigsten und weit verbreiteten Steinkorallen der tropischen Meere mit dem besten Schutz für Fische zählen die *Acropora*. Jungtiere wachsen sehr oft innerhalb dieses Labyrinthes heran, in dessen verästelter Innenstruktur sie von Beutejägern nicht verfolgt werden können. Die Färbung der *Acropora* tendiert meist zu rosa und violett, was den Geißelalgen zu verdanken ist.

Ausgesprochen widerstandsfähige Felsen von grandiosen Ausmaßen bilden die *Porites*, die in ihrem Inneren oft Ringelwürmer und Muscheln beherbergen.

Der Art *Seriatopora* bildet sehr zarte Gewächse

heran. Sie ähneln einem Busch, dessen "Zweige" spitze Endungen haben.

Die Art *Favus* heißt nach ihrer Struktur in der Form eines Bienenstocks.

Im Unterschied zur Madrepora ist die Art *Fungia* nicht in Kolonien angesiedelt, sondern besteht aus einem einzelnen Polyp, von wenigen Arten abgesehen, die jedoch immer nur aus wenigen Individuen zusammengesetzt sind. Ihr Name rührt von ihren zahlreichen Scheidewänden her, die an die Lamellen von Pilzen erinnern.

Fungia ist radförmig, *Herpolitha* länglich, von beiden glauben tauchende Neulinge, daß es sich um tote Madrepora handelt, weil man tagsüber keine Spur von den Tentakeln entdecken kann. Nur in der Nacht kommen diese zwischen den Lamellen hervor, um Plankton einzufangen.

Die Madrepora der Art *Dendrophyllia* sieht man an den Wölbungen von dachartigen Vorsprüngen und schattigen Höhlen. Tagsüber ziehen sie meist die Tentakeln ins Innere des Polypen zurück, der dann einem harten Röhrchen ähnelt. Nachts strecken sie dagegen die Tentakeln wieder aus

263 - Hirschhorn-Koralle *(Acropora sp.)*
264 - *Diploastrea sp.*
265 - *Cynarina sp.*
266 - Reihenkoralle *(Seriatopora sp.)*
267 - Ausgestreckte Polypen von *Goniopora sp.*
268 - Diskus-Koralle *(Fungia sp.)*
269 - Zäpfchenkoralle *(Dendrophyllia sp.)*

270, 271, 272 - *Tubastrea sp.*
273 - Diskus-Koralle *(Fungia sp.)*

und man glaubt, ein Sträußchen gelber und orangener Blumen vor sich zu haben.
Ebenfalls in einer gewissen Tiefe findet man die baumartig verzweigten Kolonien von *Tubastrea*, die in manchen Gewässern regelrechte "versteinerte Wälder" bilden. Sie sind sehr zerbrechlich und wenn man sie anstößt, zerfallen sie in viele Stücke. Nachts holen die Polypen ihre Tentakeln hervor, dann ähnelt die Kolonie dem Ast eines blühenden Baumes.

272

273

ANTIPATHARIA - DÖRNCHENKORALLEN

Zu dieser Ordnung gehört die eigentliche Schwarze Koralle, die man schon seit der Antike aus dem Meer gewinnt, um sie als Schmuck zu verarbeiten und weiterzuverkaufen. Auch die typischen Formen sind sehr unterschiedlich, im allgemeinen hat die Art *Antipathes* eine Baumform, die mit Leichtigkeit 1,50 m hoch werden kann. An der Spitze wird sie sehr dünn und fexibel, an der Basis kräftig und zäh. Diese Koralle verarbeitet man zu Armreifen und anderem Tand, nach der Glättung und Pulitur nimmt sie eine tief schwarze Färbung an. Auch wenn diese Koralle in den Feriendörfern angeboten wird, so ist der Handel damit auf den Malediven offiziell verboten und man sollte ihn durch nichts fördern. Eine andere Form ähnelt einer Peitsche und heißt *Cirrhipathes*. Man könnte sie mit der ebenfalls peitschenförmigen *Junceella*-Gorgonie verwechseln, aber ihre Polypen haben nur sechs Tentakeln und nicht acht.

274, 275 - *Cirrhipathes sp.*

AKTINIEN - SEEANEMONEN

Die Struktur der Seeanemone ähnelt einem mit dem Fuß am Untergrund festsitzenden Zylinder ohne Skelett. Sie verfügen über eine große Anzahl von Tentakeln mit starken Nesselzellen, mit denen sie kleine Organismen wie Fische und Krebstiere einfangen, von denen sie sich ernähren. Die Beutetiere werden von dem Gift der Nesselzellen gelähmt, dann in den Schlund zwischen den Tentakeln eingeführt und schließlich verdaut. Wenn sie gestört werden, ziehen die Aktinien blitzschnell ihren Körper zusammen und stülpen Tentakeln und Schlund nach innen. Fast immer beherbergen sie ein Paar oder eine ganze Familie von Anemonenfischen, die sich gegen das Gift der Gastgeberin mit einer Schleimschicht schützen. Im Gegenzug halten die Anemonenfische die Aktinie sauber und locken manchmal sogar Beutetiere zwischen ihre Tentakeln.
Der Unterteil einiger Seeanemonen kann lebhaft rosa oder scharlachrot gefärbt sein, aber auch ins Violett spielen.

276 - *Radianthus ritteri*
277 - **Aktinie**
278 - *Gyrostoma helianthus*

ANELLIDA - Ringelwürmer

Zu dieser Klasse gehören einige tausend Arten, die in zwei Hauptgruppen unterteilt werden, bewegliche und am Grund festsitzende Arten. Erstere sind wurmförmig und tragen eine Reihe von kleinen nesselnden Borstenbüscheln, deren Berührung einen stechenden Schmerz verursacht. Diese Ringelwürmer sind gierige Beutejäger mit kräftigen Kiefern, die ihre Opfer in den Irrgängen des Riffs umherkriechend verfolgen.

Die festsitzenden Arten haben ein völlig anderes Aussehen, sie erinnern an kleine Blumen oder Federbüschel. Sie leben im Inneren eines am Untergrund klebenden Röhrchens, das aus ihren Sekretionen entsteht oder, in anderen Fällen, völlig im Kalk der hirnförmigen Madreporen verschwindet. Das gilt z. B. für *Spirobranchus giganteus*, der die verschiedensten Farben annehmen kann. Mit ihren gut sichtbaren und manchmal farbenfrohen Kiemenbüscheln filtern sie das Wasser und halten das Plankton fest. Wenn sie sich gestört fühlen, verschwinden sie ruckartig in ihrem Röhrchen.

279 - Bunter Spiralröhrenwurm *(Spirobranchus giganteus)*
280 - Federwurm *(Sabellastarte sanctijosephi)*
281 - *Terebellomorphidae*

CRUSTACEA - KREBSE

Ihr Körper wird von einem kräftigen Panzer geschützt, der nicht mitwachsen kann. Deshalb sind die Tiere gezwungen, den alten Panzer wie ein verschlissenes Kleid abzulegen, wenn der neue nachgewachsen ist, ein für sie besonders kritischer Zeitpunkt, weil der neue Panzer zunächst nicht hart genug ist, um sie wirksam vor Angriffen zu bewahren. Die meisten Krebse sind in zwei Geschlechter geteilt und die Befruchtung erfolgt meistens im Inneren ihrer Körper.

Von besonderer Bedeutung sind jene Krebse, die bei den Fischen als Putzhilfe auftreten (siehe Kasten). In den Malediven leben verschiedene Langustenarten, die sich tagsüber in den Riffspalten gut versteckt halten, aber bei nächtlichen Tauchgängen im flachen Wasser kann man sie leicht zu Gesicht bekommt. *Panulirus versicolor* ist eine der größten Arten, mit lebhaften grünen und weißen Streifen und rosa und blauen Mustern.

Der Einsiedlerkrebs hat einen weichen, ungeschützten Hinterleib und muß sich deshalb ein verlassenes Schneckengehäuse suchen, in dem er sich niederlassen kann. In seinem weiteren Leben wechselt er je nach Wachstum in größere Gehäuse um. Die Art *Dardanus tinctor* beherbergt auf dem Gehäuse häufig mehrere Seeanemonen, deren Nesselzellen den Einsiedler zusätzlich vor seinen Feinden abschirmen. Die Taschenkrebse haben dagegen am Hinterleib einen kräftigen Panzerschutz und verfügen außerdem über ein abschreckendes Scherenpaar, das sie mit großer Geschicklichkeit zu benutzen wissen.

282 - *Dardanus megistos*
283 - **Springkrebs** *(Galathea sp.)*

PUTZERKREBSE

Manchmal geschieht es, daß man große Fische wie Zackenbarsche oder Muränen mit aufgesperrtem Maul vor einem Schlupfwinkel stehen sieht. Das tun sie nicht, um ihre Feinde einzuschüchtern, sondern weil sie sich gerade in einer "Reinigungsstation" der kitzligen Behandlung durch den Putzerkrebs unterziehen. Meistens sind es Rotweiße Scherengarnelen (Stenopus hispidus) oder auch andere Arten, die eifrig arbeiten, um die großen Raubfische von Parasiten zu befreien, die sich in der Haut, in der Mundhöhle oder zwischen den Kiemen festgesetzt haben. Die einzige Möglichkeit von diesen Quälgeistern befreit zu werden besteht darin, sich entweder den Putzerfischen oder den Putzerkrebsen anzuvertrauen. Die Krebse führen eine genaue "Inspektion" durch, entfernen mit ihren Scheren die Parasiten von allen Körperteilen und verzehren sie. Es scheint, daß die Krebse der Art *Stenopus* die langen weißen Fühler bewegen, um zunächst einmal ihren Gast zu "liebkosen" und zu "beruhigen", ehe sie sich in das Maul von Fischen begeben, die sie mit Leichtigkeit verschlucken könnten. Unschwer findet man nachts diese Garnelen nach der Putzerarbeit in den Riffspalten versteckt wieder. Sie bilden Paare, die für immer zusammenbleiben.

284 - Eremitenkrebs *(Dardanus sp.)*
285 - Languste *(Panulirus versicolor)*
286 - Rote Korallenkrabbe *(Carpilius convexus)*

MOLLUSCA - WEICHTIERE

Die Natur hat bei den Muscheln eine Form- und Farbenfantasie entwickelt, wie man sie bei anderen Kreaturen nur schwerlich antreffen wird. Der porzellanartige Glanz vieler Muscheln und Schneckenhäuser und die lebhafte Farbigkeit und Zeichnung, die ihre Oberfläche schmücken, verwandeln sie in Kostbarkeiten, so daß sie schon in der frühesten Antike als Kultgegenstände galten, gesammelt wurden oder oft auch als Zahlungsmittel bei Tauschgeschäften dienten. Man vergesse jedoch nicht, daß die Muschelschalen das Gehäuse von Lebewesen sind und jedes Mal, wenn man eine davon an die Oberfläche bringt, tötet man auf grausame Weise ein Tier. Das Muschelsammeln ist richtigerweise überall auf den Malediven verboten und man denke daran, daß auch Gehäuse, die offenbar ohne Leben sind, oft von Einsiedlerkrebsen bewohnt sein können, die unsichtbar bleiben, weil sie sich bis in die innerste Windung zurückgezogen haben.

Bei den verschiedenen Klassen unterscheidet man zwischen den Gastropoda, die ein einziges Muschelteil - oft in Form eines Schneckenhauses - besitzen, zwischen denen ohne Muschel (Nacktkiemer) und den Bivalvia, Muscheln mit Doppelschalen.

Gastropoda - *Prosobranchia (Schnecken)*

Die Prosobranchia haben normalerweise die klassische Schneckenform, mit einem mehr oder weniger gelängten Schneckenhaus, auch wenn es auffällige Abweichungen gibt, mit Varianten rund wie Eiern, mit Spindelformen oder mit sperrigen Spitzen und Auswüchsen, die wenig mit der Schneckenform gemein zu haben scheinen.

Es gibt sowohl Planzen- als auch Fleischfresser, die sich eines ausgeklügelten Organs bedienen, das Radula (Reibeplatte) heißt, mit dem sie die Schalen anderer Muscheln durchbohren können, um sie zu verzehren. Zu den schönsten Gastropoden zählen die Porzellanschnecken, mit einem ovalen, hochglänzenden Gehäuse, vielleicht die begehrtesten Schneckenhäuser bei Sammlern in aller Welt.

Sehr schön sind auch die Kegelschnecken, die man jedoch nicht berühren sollte, da einige Arten über ein höchst wirksames Verteidigungssystem verfügen. Sie können einen mit einer Giftdrüse verbundenen Pfeil gegen Beutetiere und Beutejäger schleudern. Diese Pfeile sind bei *Conus textile* und *C. geographus* so giftig, daß sie schon den Tod von Muschelsammlern verursacht haben.

287 - **Sand-Kegelschnecke** *(Conus arenatus)*
288 - **Gobelin-Turban** *(Turbo petholatus)*
289 - **Geographische Kegelschnecke** *(Conus geographus)*
290 - *Terebra maculata*

Gastropoda - *Opisthobranchia*
Nacktkiemer

Wie schon der Name sagt, sind diese Weichtiere "nackt", d. h. ohne Muschelschalen, so daß sie, auch wegen ihrer kriechenden Fortbewegungsart, an Schnecken erinnern. Ihre Farbe ist meistens sehr auffallend, weil die sonst schutzlosen Nacktkiemer ganz besondere Verteidigungsstrategien entwickelt haben. Einige Arten ernähren sich von Seeanemonen und sind in der Lage, Teile von deren Nesselzellen in ihr Gewebe zu übernehmen, so daß sie ihrerseits nesselnd sind. Andere Arten bedecken ihre Körper mit den Kalk- oder Kieselnadeln der Schwämme, die ihnen als Nahrung dienen, so daß ein ausreichend fester Körperschutz entsteht, der sie weitgehend vor Beutejägern bewahrt. Noch andere können abstoßende Substanzen absondern, die in speziellen Drüsen erzeugt werden. Wegen ihrer lebhaften Färbung sind sie ein beliebtes Motiv der Unterwasserfotografie, zumal ihre relativ langsame Fortbewegungsart die Aufnahme erleichtert.

291 - *Phyllidia sp.*
292 - *Phyllidia bourguini*
293 - *Chromodoris sp.*

Bivalvia - Muscheln

Bei diesen Lebewesen bestehen die Schalen aus zwei Hälften, die genau aufeinander passen. Sie sind an einer Seite mit einem "Scharnier" aus elastischem Gewebe verbunden, dazu kommen oftmals kleine Verzahnungen, die die Funktion von Angelpunkten haben.

Die Schließung der Muscheln erfolgt mittels kräftiger Adduktormuskeln, die so leicht kein anderes Tier aufreißen kann, um das begehrte Weichtier zu fressen. Erst die starken Arme der Seesterne oder der Tintenfische werden ihrer Herr. Zuweilen werden die Schalen auch durch die mächtigen Zähne der Drückerfische, der Rochen und anderer zertrümmert. Die Muscheln gehören unter den Meeresbewohnern zu den überschwenglichsten Produzenten von Eiern, einige Arten sondern Millionen von Eiern ab. Doch nur eine kleine Anzahl überlebt das Larvenstadium und die ersten Lebensmonate, bis sie ausreichend starke Muschelschalen besitzen.

Die Muscheln leben in der Nähe des Meeresgrundes, in den Sand eingegraben, in das Riff eingefügt oder an den Gorgonien verankert.

Die meisten von Ihnen filtern das Meereswasser mittels zwei Siphonen, der eine saugt es an, der andere stößt es wieder aus, wobei die Kiemen das Plankton zurückhalten.

294

295

294 - Flügelmuschel *(Pteria sp.)*
295 - *Lopha cristagalli*
296 - *Spondylus aurantius*

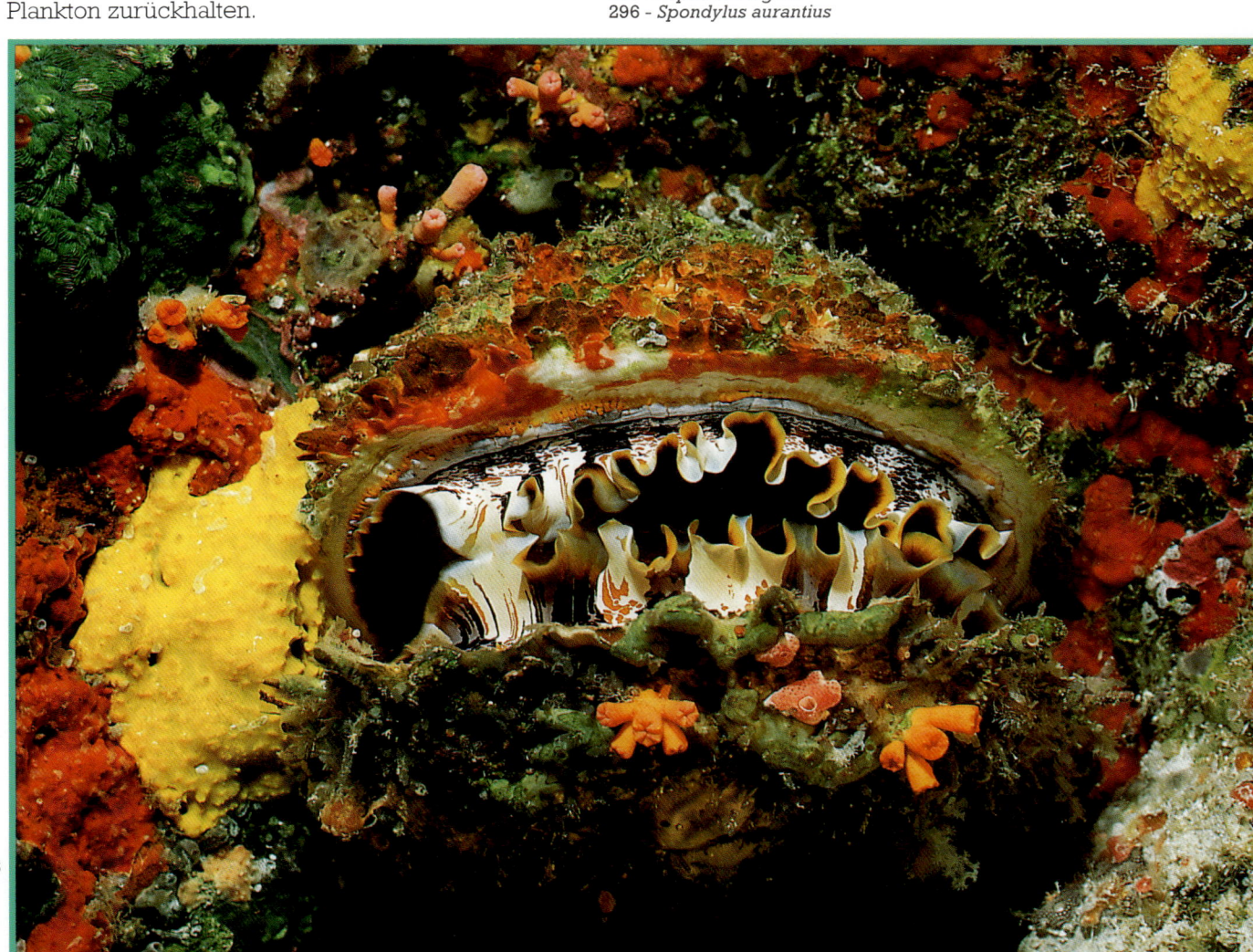

TRIDACNA

Wer in den flachen Gewässern mit Madrepora schwimmt, wird feststellen, daß es dort besonders lebhaft gefärbte und seltsam geformte Muscheln gibt, die sich Tridacna nennen.

Sie liegen mit dem Scharnier nach unten und den elegant gewellten Muschelrändern nach oben. Ihr Körper quillt zwischen den Muschelhälften wie aus einem zu engen Kleid hervor und ist abwechslungsreich und grell gefärbt, von leuchtend blau bis grün, von gelb bis braun. Diese Farben verursachen mikroskopische Algen (Zooxanthellae), die das Weichtier erst selbst "heranzieht" und dann teilweise verzehrt. Die Muschel richtet ihren Körper nach oben, damit er vom Sonnenlicht getroffen wird und die Algen so reichlich wie möglich nachwachsen. Die englische Bezeichnung Killer Clam gilt für die Tridacna gigas im Indischen Ozean, die mehr als einen Meter lang und schwerer als 250 Kg werden kann. Es gibt Gruselgeschichten, wonach sie so starke Muskeln besitzen soll, daß sie Füße von unvorsichtigen Perlentauchern, die auf sie getreten waren, so lange festgehalten habe, bis die Ärmsten ertranken.

297, 298 - Tridacna *(Tridacna maxima)*

ECHINODERMATA

Zu diesem Phylum (Stamm) gehören derartig verschiedene Lebewesen, daß man kaum glauben mag, sie seien miteinander verwandt. Eine gemeinsame Eigenart, die fünfstrahlige Symmetrie, bei den See- und Schlangensternen besonders eindeutig, ist bei den Seeigeln, den Haarsternen und Seegurken schon viel schwerer auszumachen. Eine andere Eigenart sind die Kalkplatten unter der Haut, die in einigen Fällen regelrechte Schalen bilden, wie bei den Seeigeln. Die Stachelhäuter sind im allgemeinen in Männchen und Weibchen getrennt, auch wenn es zwittrige Arten gibt.

Crinoidea - Haarsterne

Auch die Haarsterne sind ein beliebtes Motiv der Unterwasserfotografen, weil sie so leicht und zerbrechlich wie Federn aussehen und wunderschön gefärbt sind. Da sie sich von vorbeischwimmendem Plankton ernähren, klettern sie gerne auf die dem offenen Meer zugewandten Gorgonien, die mitten in der Strömung stehen. Oft vereinigen sie sich zu mehreren Exemplaren, so daß sie wie vielfarbige Blumensträuße aussehen. Da sie das Sonnenlicht scheuen, verstecken sie sich tagsüber in den Riffspalten. Erst nachts verlassen sie ihre Zuflucht und arbeiten sich zu Punkten empor, die in der Strömung liegen. In der Tiefe, wo nur noch schwaches Tageslicht vordringt, erblickt man sie manchmal auch tagsüber, während sie langsam ihre bunten Federarme bewegen. Die Haarsterne haben einen kleinen zentralen Körper, von dem die gefiederten Arme ausgehen. Sie sind sehr zerbrechlich, aber wachsen auch sehr leicht nach. Auf der Unterseite besitzen sie kurze Wimpern, mit denen sie sich festhalten oder umherwandern.

299 - *Himerometra sp.*
300 - *Comanthus sp.*
301 - Haarsterne *(Crinoidea)*

Ophiuroidea (Schlangensterne)

Die *Ophiuroidea* ähneln dünnen Seesternen mit einem kleinen scheibenförmigen Körper, von dem die schlanken Arme ausgehen, die sich wie Schlangen bewegen. Bei einigen Familien sind diese Arme glatt, bei anderen sind sie voller kleiner, borstenartiger Stacheln, so spitz und spröde, daß sie bei Berührung auch durch die Handschuhe in die Haut eindringen und abbrechen, was sehr schmerzhaft ist. Daher sollte man aufpassen, wo man sich mit den Händen abstützt, ganz besonders wenn man zwischen Gorgonien schwimmt, die in der Tiefe vor Höhlen und Spalten wachsen. Die Schlangensterne sind vor allem nachtaktiv und verbringen den Tag in den Riffspalten versteckt. Die stachelbewehrten sind dagegen so wohl geschützt, daß sie oft draußen bleiben; man sieht sie dann um die Gorgonien und Schwämme geschlungen.

302,  303 - *Ophiotrix sp.*
304 - **Variabler Griffelseeigel** *(Heterocentrotus mammillatus)*
305 - **Diademseeigel** *(Diadema setosum)*

Echinodea (Seeigel)

Die Seeigel der Korallenbarriere haben einen runden Körper voller Stacheln, die zur Verteidigung dienen, aber auch um sich im Riff einzuklemmen und nicht von Drückerfischen und anderen Raubfischen ergriffen zu werden, die die kräftigen Schalen zertrümmern können. Andere Arten, die im Sand versenkt leben, haben einen flachen Körper mit kurzen Stacheln. Der von fünf kräftigen Zähnen umgebene Mund öffnet sich auf der Unterseite des Tieres, so daß es bequem die Algen und Ablagerungen äsen kann, von denen es lebt.

Der verbreitetste Seeigel der Malediven ist der Diademseeigel *(Diadema setosum)*, den man an den langen, sehr beweglichen Stacheln erkennt, allerdings sieht man ihn sehr selten am Tag und häufig in der Nacht. Seine Farbtöne variieren von rabenschwarz über hellgrau bis zu violetten Schattierungen. Seine Stacheln sind besonders gefährlich, da sie tief ins Fleisch dringen, dort abbrechen und dann nur mit großer Mühe entfernt werden können. Der Variable Griffelseeigel *(Heterocentrotus mammillatus)* lebt im flachen Wasser mit starkem Wellengang. Deshalb hat er kurze kräftige Stacheln, mit denen er sich gut am Gestein festhalten kann. Seinen Namen verdankt er der Tatsache, daß man früher seine Stacheln dazu benutzte, um auf den Schiefertafeln zu schreiben.

Asteroidea (Seesterne)

Die Seesterne haben eine sympathische Form, die gut in die Kinderwelt paßt. In Wirklichkeit sind sie starke Beutejäger, der Schrecken von Muscheln und Krebsen, von denen sie sich ernähren. Häufig dreht man einen Seestern um und entdeckt, daß er dabei ist, eine Muschel auf wirklich außergewöhnliche Weise zu verzehren. Er kann seinen Magen nach außen stülpen und damit ein Tier umschließen, daß einen größeren Körper hat als er selbst, von den Armen einmal abgesehen. Die Verdauung geschieht sozusagen im Außenbereich, bis die starken Verdauungssäfte beim Opfer einen Teil des Kalkpanzers aufgelöst haben. Danach verdaut der Seestern auch den organischen Teil. Bei den doppelschaligen Muscheln können die Arme des Seesterns eine so starke Zugkraft auf die Schalen ausüben, daß diese sich schließlich öffnen. Vor einigen Jahren war in der Presse von den Dornenkronen *(Acanthaster planci)* die Rede, deren Körper von vielen Dornen bedeckt ist. Dieser Seestern ernährt sich von den Polypen der Madrepora. Aus bisher ungeklärten Gründen kam es an einigen Stellen des Pazifik und insbesondere an der australischen Korallenbarriere zu einer sprunghaften Vermehrung dieser Tiere, so daß sie große Abschnitte der Korallenbänke abtöteten, ohne daß man ihrer Verbreitung Einhalt gebieten konnte.

306 - *Fromia sp.*
307 - *Culcita sp.*
308 - *Fromia elegans*
309 - **Walzenstern** *(Choriaster granulosus)*
310 - **Roter Maschenstern** *(Fromia monilis)*

REGENERATION DER SEESTERNE

Viele Seesterne besitzen eine unglaubliche Fähigkeit zur Regeneration, sie können einen Arm oder ganze Körperteile neu bilden. Zum Beispiel die Dornenkrone (Acanthaster planci) ist in der Lage, wenn man sie in zwei Teile schneidet, nach einiger Zeit die fehlenden Körperteile durch Knospung zu regenerieren. Das haben mit Entsetzen die australischen Taucher festgestellt, die unter Wasser diese teuflischen Tiere, die ihre Korallenbänke abtöteten, eliminieren wollten, aber im Gegenteil den Schaden an ihrer großen Korallenbarriere nur vergrößert hätten. Meister in der Regenerationskunst ist der in den Gewässern der Malediven sehr häufige Kometenstern (Linckia multifora). Wenn er beim Kämpfen einen Arm verliert, so wächst ihm bald ein neuer nach, aber auch der abgetrennte Armteil kann wieder ein vollständiger Stern werden. Die Taucher können die verschiedenen Stadien der Heranbildung eines neuen Seesternes verfolgen. Zunächst hat er eine "Kometenform", der längste Arm ist der von dem vorherigen Stern amputierte, während die kurzen Ärmchen durch Knospung zu normal langen Armen heranwachsen. Diese geschlechtslose Vermehrungsform ist derart effektiv, daß die Sterne sie auch freiwillig anwenden, indem sie sich spontan von einem Arm trennen.

311 - Ein Kometenstern (Linckia multifora), der dabei ist, von einem Arm aus den ganzen Körper nachzubilden
312 - Kometenstern (Linckia multifora)
313 - Linckia sp.
314, 315 - Dornenkrone (Acanthaster planci)

Holothurioidea (Seegurken)

Die Form der Seegurken erinnert in keiner Weise an die der anderen Stachelhäuter, da sie in der Tat wie große Gurken aussehen. Sie leben auf dem sandigen oder kiesigen Meeresgrund, wo sie die Ablagerungen mittels ihrer um den Mund angeordneten Tentakeln nach kleinen Lebewesen durchkämmen. Obwohl es nicht an siebenden Arten fehlt, verschlucken die meisten Seegurken beachtlich große Mengen von Sand und sicherlich gehören sie zu den Arten, die den Meeresgrund am stärksten durcharbeiten. Man hat ausgerechnet, daß die auf einem Hektar lebenden Seegurken in der Lage sind, in einem Jahr 150 Tonnen Sand zu bewegen. Um sich zu verteidigen, benutzen die Seegurken eine sehr ausgefallene Methode: Sie stoßen zahlreiche weiße dünne Fäden aus, die sich im Wasser verfestigen und eine äußerst klebrige Masse bilden. Wenn es ganz gefährlich wird, können sie im Extremfall ihre gesamten Eingeweide nach außen stülpen, die sie dann im Lauf von einigen Monaten regenerieren. Im Orient werden die Seegurken auch zum Essen gefangen. Man kocht sie und trocknet sie an der Sonne und verarbeitet sie dann zu einem *Trepang* genannten Gericht, das z. B. in der chinesischen Küche viele Liebhaber findet.

316 - Seegurke
317 - *Holothuria edulis*
318, 319 - *Thelenota ananas*
320 - Strichel-Seegurke (*Bohadschia graeffei*)
321 - *Stichopus variegatus*

TUNICATA - Ascidiaceae (Seescheiden)

Die Ascidien sehen auf den ersten Blick sehr einfach aus, die einzeln lebenden Arten bestehen aus einem kleinen Sack mit zwei Öffnungen. In Wirklichkeit sind es hochentwickelte Lebewesen, weil die Larven bereits einen Schwanz mit einer Art Wirbelsäule besitzen. Es gibt Seescheiden, die Einzelgänger sind und solche, die Kolonien bilden. Letztere werden leicht mit den Schwämmen verwechselt. Bei genauerer Beobachtung erkennt man sie jedoch an der zweifachen Öffnung, über die jedes Exemplar verfügt. Die eine ist der ansaugende Siphon, der das Wasser ins Mantelinnere saugt, die andere ist der ausstoßende Siphon, der das Wasser abgibt, nachdem das nährende Plankton absorbiert wurde. Die Seescheiden sind Zwitter, aber die Selbstbefruchtung ist nicht möglich, weil die männlichen und weiblichen Reproduktionsorgane zu verschiedenen Zeiten fruchtbar sind. Viele Arten reproduzieren sich auch auf geschlechtslose Weise, da sie ein ungewöhnlich starkes Regenerationsvermögen besitzen. Auch aus einem kleinen Fragment des ''Spenders'' entsteht durch Knospung ein neues Individuum.

322 - *Clavelinidae*
323, 326 - *Didemnum molle*
324 - *Ascidien*
325 - *Didemnum sp.*

325

326

SEESCHILDKRÖTEN

Die Schildkröten werden seit jeher auf den Malediven gefangen, auch wenn die Regierung versucht, den Handel mit ihnen einzuschränken. Das Schildkrötenfleisch wird alternativ zum Fisch verzehrt, das Öl heilt Lungenkrankheiten und dient in der Kosmetik, aus dem Schildpatt stellt man Schmuckstücke und Geschenkartikel her, die weltweit Abnehmer finden. In jedem Dorf der Malediven werden diese Gegenstände angeboten, aber ihr Verkauf ist verboten und sollte in keiner Weise begünstigt werden, sonst wird man mitschuldig an der Ausrottung dieser wunderschönen Reptilien. Eine Meeresschildkröte schwimmen zu sehen, ist eines der außergewöhnlichsten Erlebnisse für einen Taucher. Mit ihren kräftigen Vorderfüßen

327 - Unechte Karette *(Caretta caretta)*
328 - Echte Karettschildkröte *(Eretmochelys imbricata)*

führt die Schildkröte rhythmische Schwimmstöße aus, während der Körper in einer leichten Schrägstellung bleibt. Wenn sie Angst haben, können sie eine erstaunliche Schnelligkeit erreichen und jeden Taucher hinter sich lassen, doch leider unterliegen sie jedem größeren Raubfisch. Ihre einzigen natürlichen Gegener sind einige Haie wie z. B. der Tigerhai, der ihr Schild mit seinen schrecklichen Kiefern zerbersten kann. Von 400 gefangenen Tigerhaien hatten 350 Schildkrötenreste in ihrem Magen.

Während ihrer langen Evolution paßten sich die Seeschildkröten dem Meeresleben in vollendeter Weise an. Sie bleiben das ganze Leben über im Wasser, mit Ausnahme der Weibchen, die auf die Erde zurückkehren müssen, um ihre Eier im Sand abzulegen.

Dabei hilft ihnen ein unglaubliches Orientierungsvermögen: Die geschlechtsreifen Weibchen kehren immer an denselben Strand zurück, an dem auch sie einst ausschlüpften und die kleinen Nachkömmlinge erkennen den Weg zum Meer an dem auf der Wasseroberfläche reflektierten Licht.

Zu den häufigsten Arten der Malediven gehören die Unechte Karette, die Suppenschildkröte und die Echte Karettschildkröte.

329, 331 - Suppenschildkröte *(Chelonia mydas)*
330 - Echte Karettschildkröte *(Eretmochelys imbricata)*

CETACEA - Wale

Ziemlich häufig trifft man in den Malediven mit Angehörigen der Walfamilie zusammen, vor allem wenn man eine Kreuzfahrt unternimmt, die abgelegenere Atolle berührt. Auf offenem Meer wird man vor allem die nicht sehr großen Streifendelphine *(Stenella longirostris)* sehen, die gerne in der Bugwelle der Boote treiben und sich manchmal scharenweise versammeln. Im Inneren der Lagune findet man dagegen andere Delphine wie den Großtümmler *(Tursiops truncatus)*, der mehr als drei Meter lang werden kann. Auf dem Rücken hat er eine dunkelgraue Färbung. Seinen Gesichtsausdruck kennt jedermann aus dem Fernsehen, denn die Tümmler sind die in allen Delphinaquarien gehaltene Art. Einigermaßen häufig sind auch die Rundkopfdelphine *(Grampus griseus)*, die ein schiefergraues Kleid mit langen hellen "Kratzern" tragen. Diese Delphine erreichen sogar eine Länge von 4 Metern und bevorzugen tiefe Gewässer, doch zuweilen nähern sie sich dem Riff an den Stellen an, wo die Fischarten vorbeiziehen, von denen sie sich in erster Linie ernähren.

332, 333 - Streifendelphine
(Stenella longirostris)

Verzeichnis der deutschen Namen
(Die Nummern beziehen sich auf die Abbildungen)

Achselfleck-Schweinslippfisch 77
Aggressiver Säbelzahnschleimfisch 171
Aktinien 277
Andromeda-Qualle 240
Anglerfisch 183, 184, 185, 186
Ascidien 324
Aurora-Wächtergrundel 161
Barrakuda 18, 19
Baskenmützen-Zackenbarsch 65
Bennetts Falterfisch 111
Bennetts Spitzkopfkugelfisch 225
Blaubrust-Drückerfisch 133
Blauer Drücker 134
Blauflossenmakrele 22
Blaugrüner Chromis 149
Blauklingen-Doktorfisch 125
Blaukopf-Kaiserfisch 100, 101
Blaustreifen-Doktorfisch 125
Blaustreifen-Säbelzahnschleimfisch 172
Blaustreifen-Schnapper 27, 30
Blutfleck-Husar 193
Boomerang-Drückerfisch 135
Brauner Segelflossendoktor 127
Buckel-Schnapper 33
Bunter Spiralröhrenwurm 279
Clarks Anemonenfisch 142
Decora-Grundel 165
Dekor-Schwertgrundel 167
Diadem-Husar 202
Diadem-Kaiserfisch, 95, 96
Diademseeigel 305
Diamant-Lippfisch 81, 82
Diana-Schweinslippe 72
Dicks Riffbarsch 146
Diskus-Koralle 268, 273
Dornenkrone 314, 315
Dreibinden-Preußenfisch 147
Dreifleck-Preußenfisch 148
Dreistreifen-Füsiler 37
Echte Karettschildkröte 328, 330
Echter Steinfisch 180
Eckiger Kofferfisch 214, 215, 216, 217, 219
Einfleck-Schnapper 32
Eremitenkrebs 284
Falscher Gitterfalterfisch 113
Federwurm 280
Feen-Büschelbarsch 211
Feuer-Schwertgrundel 169
Flügelmuschel 294
Fosters Büschelbarsch 212
Fransen-Drachenkopf 176
Fünflinien-Kardinal 208
Gabelschwanz-Schnapper 29
Gefleckter Adlerrochen 16
Gefleckter Soldatenfisch 199
Gelbaugen-Schnapper 28
Gelber Dreipunkt-Kaiserfisch 99
Gelbflossen-Barbe 157, 160
Gelbflossen-Straßenkehrer 34
Gelbkopf-Falterfisch 104
Gelbsaum-Falterfisch 115
Gelbschwanz-Drücker 138
Gelbschwanz-Fahnenbarsch 48
Gelbschwanz-Meerbarbe 159
Gelbschwanz-Perljunker 78
Gelbstirn-Füsilier 40
Gelbflossen-Doktorfisch 124
Geographische Kegelschnecke 289
Gepunkteter Igelfisch 228
Getarnter Zackenbarsch 60
Gewöhnlicher Ammenhai 9, 10
Gobelin-Turban 288
Gorgonien 243, 242, 244, 249, 250, 251, 252
Grauer Riffhai 1, 2, 3
Großaugen-Straßenkehrer 35
Großaugenmakrele 21
Großdorn-Husar 194, 198
Große Netzmuräne 44, 47
Großer Barrakuda 17
Grünbürzel-Papageifisch 122
Grüner Riesen-Drückerfisch 132
Grünwangen-Papageifisch 120

Haarsterne 301
Hai-Schiffshalter 41, 42
Hammerhai 6
Harlekin-Süßlippe 68
Harlekin-Zackenbarsch 61
Hectors Grundel 162
Hicksons Riesenfächer 245, 247, 248
Hirschhorn-Koralle 263
Indischer Baroness-Falterfisch 106
Indischer Flamenfahnenbarsch
Indischer Preußenfisch 143
Indischer Trauermantel 150
Juwelen-Fahnenbarsch 49, 50, 51
Juwelen-Riffbarsch 153
Juwelen-Zackenbarsch 53, 54
Kanarienvogel-Junker 71
Keilschwanz-Putzerfisch 85
Kleins Falterfisch 102
Kometenstern 311, 312
Koran-Kaiserfisch 97
Kupfer-Schnapper 26
Langflossen-Fledermausfisch 25
Langmaul-Pinzettfisch 110
Langnasen-Büschelbarsch 210
Längsstreifen-Kammzähner 170
Languste 285
Lederkorallen/Weichkorallen 256, 258, 259, 261, 262
Leoparden-Drückerfisch 137
Leopardenhai 5, 7
Leuchtfleck-Straßenkehrer 36
Mädchen Goby 164
Malediven-Anemonenfisch 144
Malediven-Anemonenfisch 154
Manta 14
Mappa-Kugelfisch 220
Marmorierter Eidechsenfisch 188
Masken-Igelfisch 227
Masken-Nasendoktor 129
Masken-Papageifisch 119
Mondschwanz-Lippfisch 89
Mondsichel-Falterschiff 114
Monokel-Korallenwächter 209, 213
Napoleonfisch 91
Nasenhöcker-Papageifisch 117, 118
Neon-Füsilier 38, 39
Netzfeuerkoralle 239
Ohrenqualle 241
Orient-Süßlippe 66, 67, 70
Palettenstachler 139
Pfauen-Kaiserfisch 98
Pfauen-Zackenbarsch 57
Philippinenmoos 235, 235
Pisang-Füsilier 39
Platten-Feuerkoralle 234
Punktierter Falterfisch 105
Putzer-Lippfisch 93
Reihenkoralle 266
Riesen-Kugelfisch 224
Riesen-Muräne 43, 45, 46
Riff-Eidechsenfisch 187
Riff-Großaugenbarsch 203, 204, 205
Rotbrust-Lippfisch 94
Rote Korallenkrabbe 286
Rotfleckon-Zackenbarsch 62
Rotmaul-Zackenbarsch 64
Rotstreifen-Junker 88
Rotzahn-Drücker 136
Rundkopf-Fledermausfisch 23
Sand-Kegelschnecke 287
Sattel-Forellenbarsch 55, 56
Sattel-Spitzkopfkugelfisch 222
Schachbrett-Junker 79
Schaukelfisch 177
Scherenschwanz-Torpedogrundel 168
Schmuck-Junker 84
Schneeflocken-Zackenbarsch 63
Schrift-Feilenfisch 141
Schultz Seenadel 190, 191, 192
Schwalbenschwanz-Papageifisch 121
Schwämme 229, 230, 231
Schwarzbinden-Soldatenfisch 197
Schwarze Makrele 20

Schwarzfleck-Barbe 156
Schwarzflossen-Husar 195
Schwarzpunkt-Stechrochen 11, 12, 13
Schwarzsattel-Feilenfisch 140
Schwarzstreifen-Falterfisch 103
Sechsstreifen-Junker 87
Seegurke 316
Silber-Süßlippe 69
Silberspitzenhai 8
Smiths Säbelzahnschleimfisch 173
Spiegelfleck-Lippfisch 80
Spitzkopf-Zackenbarsch 58
Springkrebs 283
Steinitz Wächtergrundel 163
Sternen-Kugelfisch 221
Strahlen-Feuerfisch 175
Streifen-Bannerlippfisch 90
Streifendelphine 332, 333
Strich-Punkt-Barbe 155
Strichel-Seegurke 320
Stülpmaul-Lippfisch 73, 74
Suppenschildkröte 329, 331

Ternate-Chromis 145
Teufels-Soldatenfisch 200
Teufelsrochen 14
Tiger-Kardinal 206
Tränen-Falterfisch 112
Tylers Spitzkopfkugelfisch 223, 226
Unechte Karette 324
Variabler Griffelseeigel 304
Vierfleck-Wabenbarsch 59
Violetter Soldatenfisch 196
Vroliks Junker 83
Walzenstern 309
Wangenband-Lippfisch 76
Weißkehl-Doktorfisch 126, 128
Weißpunkt-Kofferfisch 218
Weißspitzen-Riffhai 4
Wolfs-Kardinal 207
Zäpfchenkoralle 269
Zickzack-Falterfisch 109
Zitterrochen 15
Zweifarben-Junker 86
Zweifarben-Putzerfisch 92
Zweifleck-Schnapper 31

Verzeichnis der lateinischen Namen
(Die Nummern beziehen sich auf die Abbildungen)

Acanthaster planci 314, 315
Acanthurus leucosternon 126, 128
Acanthurus lineatus 130
Acanthurus xanthopterus 124
Acropora sp. 263
Aethaloperca rogaa 64
Aetobatis narinari 16
Aluterus scriptus 141
Amblyeleotris aurora 161
Amblyeleotris steinitzi 163
Amblygobius hectori 162
Amphiprion clarkii 142
Amphiprion nigripes 144, 154
Anampses meleagrides 78
Antennarius sp. 183, 184, 185, 186
Anthurus leucosternon m, 126, 128
Anyperodon leucogrammicus 58
Aphareus furca 29
Apolemichtys trimaculatus 99
Arothron mappa 220
Arothron meleagris 221
Arothron stellatus 224
Aurelia aurita h, 241
Balistapus undulatus 138
Balistoides conspicillum 137
Balistoides viridescens b, 132
Bodianus axillaris 77
Bodianus diana 72
Bohadschia graeffei 320
Caesio xanthonota 40
Canthigaster bennetti 225
Canthigaster tyleri 223, 226
Canthigaster valentini 222
Caranx lugubris 20
Caranx melampygus 22
Caranx sexfasciatus 21
Carcharhinus albimarginatus 8
Carcharhinus amblyrhynchos a, 1, 2, 3
Caretta caretta 327
Carpilius convexus 286
Cassiopea andromeda 240
Cephalopholis argo 57
Cephalopholis miniata 53, 54
Cephalopholis polleni 61
Cetoscarus bicolor 119
Chaetodon bennetti 111
Chaetodon citrinellus 105
Chaetodon falcula 108
Chaetodon kleinii 102
Chaetodon lunula 114
Chaetodon madagascariensis 116
Chaetodon melannotus 115
Chaetodon meyeri 103
Chaetodon oxycephalus 113
Chaetodon triangulum 106
Chaetodon trifascialis 107

Chaetodon trifasciatus 109
Chaetodon unimaculatus 112
Chaetodon xanthocephalus 104
Cheilinus digrammus 76
Cheilinus fasciatus 94
Cheilinus hexataenia 75
Cheilinus undulatus 91
Cheilodipterus artus 207
Cheilodipterus macrodon 206
Cheilodipterus quinquelineatus 208
Chelonia mydas 329, 331
Choriaster granulosus 309
Chromis dimidiata 150
Chromis ternatensis 145
Chromis viridis 149
Chromodoris sp. 293
Cirrhipathes sp. 274, 275
Comanthus sp. 300
Conus arenatus 287
Conus geographus 289
Coris aygula 80
Corythoichthys schultzi 190, 191, 192
Crinoidea 301
Culcita sp. 307
Cynarina sp. 265
Cyrrhitichtys oxycephalus 211
Dardanus megistos 282
Dardanus sp. 284
Dascyllus aruanus 147
Dascyllus carneus 143
Dascyllus trimaculatus 148
Dendronephtya sp. 259, 261, 262
Dendrophyllia sp. 269
Diadema setosum 305
Diagramma pictum 69
Didemnum molle 323, 326
Didemnum sp. 325
Diodon hystrix 228
Diodon liturosus 227
Diploastrea sp. 264
Distichopora sp. 238
Distichopora violacea 237
Echeneis naucrates 41, 42
Ecsenius lineatus 170
Epibulus insidiator 73, 74
Epinephelus caeruleo punctatus 63
Epinephelus fasciatus 65
Epinephelus polyphekadion 60
Epinephelus spilotoceps 59
Epinephelus tauvina 62
Eretmochelys imbricata 328, 330
Euplexaura sp. 251
Forcipiger longirostris 110
Fromia elegans 308
Fromia monilis 310
Fromia sp. 306

Fungia sp. 268, 273
Fusigobius sp. 166
Galathea sp. 283
Gnathodentex aureolineatus 36
Goniopora sp. 267
Gymnothorax favagineus 44, 47
Gymnothorax javanicus c, 43, 45, 46
Gyrostoma helianthus 278
Halichoeres cosmetus 84
Halichoeres hortulanus 79
Halichoeres leucoxanthus 71
Halichoeres vrolikii 83
Hemigymnus fasciatus 90
Heterocentrotus mammillatus 304
Himerometra sp. 299
Holothuria edulis 317
Istigobius decoratus 165
Junceella rubra 246
Labroides bicolor 92
Labroides dimidiatus 93
Labropsis xanthonota 85
Lethrinus erythracanthus 34
Leucetta chagosensis 232
Linckia multifora 311, 312
Linckia sp. 313,
Lopha cristagalli 295
Lutjanus biguttatus 31
Lutjanus bohar 26
Lutjanus gibbus 32
Lutjanus kasmira 27, 30
Lutjanus monostigma 33
Lytocarpus philippinus 235, 236
Macolor macularis 28
Macropharingodon bipartitus 81, 82
Manta sp. 14
Meiacanthus smithi 173

Melithaea sp. 244, 252
Millepora dichotoma l, 239
Millepora platyphylla 234
Monotaxis grandoculis 35
Mulloides vanicolensis 157, 160
Myripristis adusta 197
Myripristis murdjan 199
Myripristis violacea 196
Myripristis vittata 200
Naso brevirostris 131
Naso hexacanthus 125
Naso vlamingii 129
Nebrius ferrugineus 9, 10
Nemateleotris decora 167
Nemateleotris magnifica 169
Neoniphon opercularis 195
Neoniphon sammara 193
Odonus niger 136
Ophiotrix sp. 302, 303
Ophiotrix sp. i, 302, 303
Ostracion cubicus 214, 215, 216, 217, 219
Ostracion meleagris 218
Oxycirrhites typus 210
Oxymonacanthus longirostris 139
Panulirus versicolor 285
Paracirrhites arcatus 209, 213
Paracirrhites forsteri 212
Paraluteres prionurus 140
Parupeneus barberinus 155
Parupeneus bifasciatus 158
Parupeneus cyclostomus 159
Parupeneus pleurostigma 156
Phyllidia bourguini 292
Phyllidia sp. 291
Plagiotremus rhinorhynchos 172
Plagiotremus phenax 171
Plagiotremus sp. 174

Platax orbicularis 23
Platax sp. 24
Platax teira 25
Plectorhynchus chaetodonoides 68
Plectorhynchus orientalis 66, 67, 70
Plectroglyphidodon dickii 146
Plectroglyphidodon lacrimatus 153
Plectropomus laevis 55, 56
Poeciloscleride 233
Pomacanthus imperator 95, 96
Pomacanthus semicirculatus 98
Pomacanthus xanthometopon 100, 101
Priacanthus hamrur 203, 204, 205
Pseudanthias evansi 48
Pseudanthias ignitus 52
Pseudanthias squamipinnis 49, 50, 51
Pseudobalistes fuscus 134
Ptereleotris evides 168
Pteria sp. 294
Pterocaesio pisang 39
Pterocaesio tile 38, 39
Pterocaesio trilineata 37
Pterois antennata 179, 182
Pterois miles 178, 181
Pterois radiata 175
Pygoplites diacanthus 97
Radianthus ritteri 276
Sabellastarte sanctijosephi 280
Sarcophyton sp. 253, 254, 257, 260
Sargocentron diadema 202
Sargocentron spiniferum 194, 198
Sargocentron caudimaculatum 201
Saurida gracilis 188
Scarus frenatus 122
Scarus prasiognathos 120
Scarus rubroviolaceus 117, 118

Scarus sp. 123
Scarus tricolor 121
Scorpaenopsis oxycephala 176
Seriatopora sp. 266
Sinularia sp. 255
Sphyraena barracuda g, 17
Sphyraena sp. 18, 19
Sphyrna lewinii 6
Spirobrancus giganteus 279
Spondylus aurantius 296
Stegostoma fasciatum 5, 7
Stenella longirostris 332, 333
Stichopus variegatus 321
Subergorgia mollis 245, 247, 248
Sufflamen bursa 135
Sufflamen chrysopterus 133
Synanceia verrucosa d, 180
Synodus sp. 189
Synodus variegatus 187
Taenionotus triacanthus 177
Taeniura melanospilos f, 11, 12, 13
Terebra maculata 290
Thalassoma amplycephalum 86
Thalassoma harwicke 87
Thalassoma lunare 89
Thalassoma quinquevittatum 88
Thelenota ananas 318, 319
Torpedo sinuspersici e, 15
Triaenodon obesus 4
Tridacna maxima 297, 298
Tubastrea sp. 270, 271, 272
Turbo petholatus 288
Valenciennea puellaris 164
Xestospongia exigua 229
Zebrasoma desjardinii m, 127

GESAMTVERZEICHNIS

Acanthuridae ....Seite 58	Echinodea ......Seite 118	Lutjanidae ......Seite 24	Schleimfische ...Seite 72
Adlerrochen 19	Echinodermata 117	Madrepora 104	Schnapper 24
Aktinien 109	Eidechsenfische 78	Makrelen 22	Schnecken 113
Alcyonacea 102	Ephinephelini 35	Mantas 19	Schwämme 93
Anellida 110	Ephippidae 23	Meerbarben 66	Scorpenidae 73
Anemonenfische 63	Fahnenbarsche 32	Microdesmidae 71	Scyphozoen 96
Anglerfische 76	Falterfische 51	Mobulidae 19	Seeanemonen 109
Antennariidae 76	Feilenfische 62	Mollusca 113	Seegurken 121
Anthiinae 32	Fledermausfische .. 23	Monacanthidae 62	Seeigel 118
Anthipatharia 108	Füsiliere 27	Mullidae 66	Seenadeln 79
Anthozoa 97	Gastropoda 113	Muraenidae 29	Seescheiden 122
Apogonidae 85	Gobiidae 70	Muränen 29	Seeschildkröten ..124
Ascidiaceae 122	Gorgonien 97	Muscheln 115	Seesterne 119
Asteroidea 119	Großaugenbarsche .. 84	Myliobatidae 19	Serranidae 32
Balistidae 60	Grundeln 70	Nacktkiemer 114	Skorpionsfische .. 73
Barrakuda 21	Haarsterne 117	Nesseltiere 94	Soldatenfische 80
Bivalvia 115	Haemulidae 39	Octocorallia 97	Sphryanidae 21
Blenniidae 72	Haifische 15	Ophiuroidea 118	Stachelhäuter 117
Büschelbarsche 86	Hexacorallia 104	Opisthobranchia ..114	Stechrochen 19
Caesionidae 27	Holocentridae 80	Ostraciidae 87	Straßenkehrer 26
Carangidae 22	Holothurioidea 121	Papageifische 55	Süßlippen 39
Cetacea 126	Husarenfische 80	Pfeilgrundeln 71	Syngnathidae 79
Chaetodontidae 51	Hydrozoa 95	Platax 23	Synodontidae 78
Chelonidea 123	Igelfische 91	Pomacanthidae 48	Tetraodontidae 89
Cirrithidae 86	Kaiserfische 48	Pomacentridae 63	Teufelsrochen 19
Cnidaria 94	Kardinalfische 85	Porifera 93	Torpedinidae 19
Crinoidea 117	Kofferfische 87	Priacanthidae 84	Tridacna 116
Crustacea 111	Korallenwächter .. 86	Prosobranchia 113	Tunicata 122
Dasyatidae 19	Krebse 111	Riffbarsche 63	Wale 126
Diodontidae 91	Kugelfische 89	Ringelwürmer 110	Weichkorallen 102
Doktorfische 58	Labridae 41	Scaridae 55	Weichtiere 113
Dörnchenkorallen ..108	Lederkorallen 102	Schiffshalter 28	Zackenbarsche 35
Drückerfische 60	Lethrinidae 26	Schirmquallen 96	Zitterrochen 19
Echeneididae 28	Lippfische 41	Schlangensterne ..118	